Anita Janesch

Glücksorte in Kärnten

Fahr hin & werd glücklich

Dieses

Glücksbuch

ist für

Liebe Glücksuchende,

unvergessliche Bergmomente und einladende Badeseen – dieser Mix macht Kärnten seit jeher zu einem sehr beliebten Urlaubsziel. Der höchste Berg Österreichs, die 1270 Seen mit Trinkwasserqualität, historische Burgen und Schlösser faszinieren Gäste und Einheimische gleichermaßen. Eine Lebensart, geprägt durch die Nähe zu Italien und Slowenien, lässt jeden Teil der lebendigen Kärntner Kultur mit jahrhundertealten Traditionen und unzähligen Brauchtumsveranstaltungen lebendig werden. Das Buch soll eine Einladung sein, sich auf die südliche Leichtigkeit und den alpinen Charme der Kärntner einzulassen.

Erleben Sie die Vielfalt dieses Landes mit seinen kulinarischen Schätzen und lassen Sie sich von der Kärntner Gastfreundschaft und Herzlichkeit begeistern. Entdecken Sie zauberhafte Ausflugsziele und überraschende Insidertipps. Es erwarten Sie einzigartige Naturerlebnisse, die Ihren Geist zur Ruhe kommen lassen und Ihre Seele berühren werden.

Ich wünsche Ihnen viele Glücksmomente in Kärnten!

Ihre Anita Janesch

GLÜCK

Deine Glücksorte …

... noch mehr Glück für dich

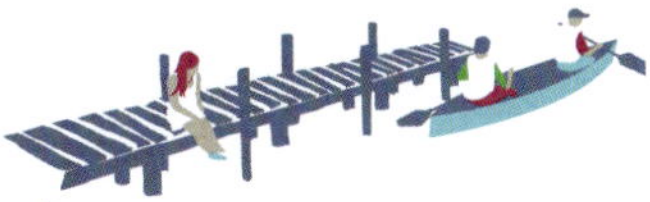

Wunschbaum mit Seeblick

1 Am Kathreinkogel bei Schiefling

Der Kathreinkogel, zwischen Schiefling am Wörthersee und St. Egyden gelegen, ist auf den ersten Blick ein unscheinbarer Ort, der jedoch eine Fülle von Eindrücken und Erlebnissen bietet. Die Spitze der 772 Meter hohen, bewaldeten Erhebung bietet eine atemberaubende Naturkulisse. Besucher können von hier aus eine unvergessliche Aussicht auf die Gerlitzen, den Wörthersee und das Rosental genießen.

Verschiedene Wanderwege führen auf den Kathreinkogel. Der einfachste beginnt am Parkplatz des ehemaligen Gasthauses Kreuzwirt. Über Wiesen, Getreidefelder und schattige Waldpfade erreicht man den Gipfel in etwa 30 Minuten. Dazwischen stoßen Wanderer auf Überreste der Römerzeit, wie einen spätantiken Friedhof. Am Gipfelplateau befindet sich eine archäologische Ausgrabungsstätte, die 9 Jahrtausende Geschichte offenbart. Wie ein Bewahrer vergangener Zeiten wurde ein kleines Museum über der bei Ausgrabungen freigelegten, aus Stein errichteten, 80.000 Liter fassenden Zisterne errichtet. Im Haus der Archäologie erzählen die ausgestellten Funde viel über die europäische Menschheitsgeschichte, während die Ausgrabungsstätte für Nichthistoriker vielleicht weniger faszinierend, jedoch durch die idyllische Umgebung umso bezaubernder ist. Das 1385 erstmals erwähnte Kirchlein nebenan gilt als Kleinod, das nicht barockisiert wurde. Es beherbergt eine besondere Christophorus-Skulptur des Künstlers Switbert Lobisser.

TIPP

Wer seine innigsten Wünsche am Wunschbaum anbringen möchte, sollte diese vorbereitet mitbringen.

Um den Kathreinkogel ranken sich zahlreiche Sagen und Legenden. Eine erzählt von einer Riesenschlange, die im Inneren des Bergs auf Erlösung wartet. Für die Einwohner von Schiefling war der Berg stets eine Quelle der Kraft. Er ist wie ein verborgener Schatz, ein Geheimtipp und ein Ort der Stille. Einheimische haben dort vor einigen Jahren einen Wunschbaum errichtet. Besucher können ihre Träume, Gedanken und Wünsche auf Kärtchen schreiben und aufhängen, um sie vom Wind über den See tragen zu lassen. Dieser Ort verbindet Natur, Geschichte und Spiritualität zu einem ganz besonderen Erlebnis.

- Wunschbaum am Kathreinkogel, Ausgangspunkt für die Wanderung am Parkplatz Kreuzwirt, Farrendorfer Straße 18, 9535 Schiefling am See
- ÖPNV: Haltestelle St. Kathrein Gasthof Kreuzwirt

WUNSCHBAU
9.2.2012

Samtpfoten verbreiten Glück

2

Im Katzencafé Cat'n'Coffee in Klagenfurt

Wer mit einer Katze zusammenlebt, weiß, wie diese charmanten Geschöpfe unser Leben bereichern. Sie sind nicht nur treue Begleiter, sondern auch Seelentröster, gute Gesellschafter und wahre Freunde. Katzen haben die erstaunliche Fähigkeit, uns Menschen mit ihrer entspannten und lässigen Art den Stress des Alltags vergessen zu lassen. Zahlreiche Studien bestätigen, dass sich Katzen positiv auf unser Wohlbefinden auswirken.

Im Katzencafé in Klagenfurt leben zehn Stubentiger harmonisch zusammen. Eine beruhigende Hintergrundmusik und warme Farbtöne tauchen das Café in ein besonders entspanntes Ambiente. Die Besucher dürfen die Samtpfoten streicheln, beobachten, fotografieren und sich von ihrer charmanten Gesellschaft verzaubern lassen. Das Katzencafé ist eine Oase der Ruhe und Freude. Es ist ein Ort, an dem Kinder und Menschen, die aus verschiedenen Gründen keine Katzen halten können, die Gelegenheit haben, die Gesellschaft dieser geheimnisvollen Tiere zu genießen. Mit dem Café wurde ein einzigartiger Ort der Begegnung geschaffen.

TIPP

Die Reservierung wird empfohlen, das Café ist immer gut besucht.

Im Café wird auch eine umfangreiche Auswahl an köstlichen Speisen und Snacks angeboten. Jedes Gericht wird mit Liebe zubereitet und ansprechend serviert, um den Gästen ein rundum genussvolles Erlebnis zu bieten. Von herzhaften Snacks zu verlockenden Süßspeisen – hier findet sich für jeden Geschmack etwas. In der Küche und im Thekenbereich haben die Katzen selbstverständlich absolutes Zutrittsverbot.

Das Katzencafé in Klagenfurt ist ein Ort des Wohlbefindens, der Entspannung und der Freude. Es ist der perfekte Ort, sich mit Freunden oder der Familie zu treffen und die Gesellschaft der charmanten Samtpfoten zu genießen. Die Freude am Genuss und die Liebe zu Katzen verbinden sich zu einem einzigartigen Erlebnis, das die Seele streichelt. Das sanfte Schnurren und die zutrauliche Art der Katzen zaubern jedem Besucher des Cafés ein Lächeln ins Gesicht.

● Das Katzencafé Cat'n'Coffee, Paulitschgasse 9, 9020 Klagenfurt am Wörthersee, Tel. +43 (6 60) 8 43 32 11, www.daskatzencafe.com
● ÖPNV: Haltestelle Paulitschgasse

Revival der Sommerfrische

3 Ein Tag im Badehaus Millstätter See

Nach dem Vorbild der historischen Badehäuser, die im 19. Jahrhundert entlang der Ufer vieler Kärntner Seen entstanden, wurde mit dem Badehaus am Millstätter See als eine Hommage an die Ära aristokratischer Sommerfrische ein Stück Geschichte neu interpretiert. Heute jedoch ist das Badehaus für jeden Ruhesuchenden das ganze Jahr über zugänglich. Es ist mehr als nur ein Rückzugsort – ein Sehnsuchtsort, ein Refugium, um abzuschalten, loszulassen und die Kraft der Natur in sich aufzunehmen. Der Blick über den See samt umliegender Berge lässt staunen und lädt ein, sich selbst zu begegnen, den Alltag hinter sich zu lassen und neue Wege des Wohlbefindens zu entdecken. Besonders in den kalten Monaten, wenn sich Nebelschwaden oder trübes Wetter über das Land ausbreiten, bietet das Badehaus einen wohligen Lieblingsplatz. Mit einem großzügigen Spa-Bereich, der sich wunderbar in die Umgebung einfügt, wird es zu einer wahren Glücksoase.

TIPP

In Kärnten gibt es auch noch Badehäuser in Pörtschach und am Klopeiner See.

Die Saunen, die Anti-Stress-Behandlungen und der Ruhebereich mit Blick auf das Wasser sind Balsam für die Seele. Hier, wo Räume und Wasser angenehm warm sind und man sich auch kulinarisch verwöhnen lassen kann, entfaltet sich eine harmonische Symbiose zwischen Entspannung und dem Loslassen von Alltagssorgen. Im Kontrast zu den großen Thermen und Hallenbädern in Kärnten besticht dieses Kleinod mit seiner feinen architektonischen Gestaltung und ermöglicht das ganzjährige Baden – auch im See –, als perfekte Abkühlung nach einem heißen, belebenden Saunaaufguss.

Der kleine Infinitypool mit seinem 35 Grad warmen Wasser ist eine Attraktion für die Sinne und ein Ort, an dem man die Schönheit der Natur spüren kann. Das Badehaus Millstätter See ist modern und zugleich behaglich. Es erfreut die Gäste mit hellen und einladenden Ruhebereichen, die Privatsphäre und gleichzeitig ein Gefühl von Geborgenheit bieten. Mit rund 150 Liegemöglichkeiten bietet das Badehaus in Millstatt ganzjährig verwöhnende Wellnessfreuden.

- Badehaus Millstätter See, Kaiser-Franz-Josef-Straße 334, 9872 Millstatt am See, Tel. +43 (47 66) 2 63 60, www.badehaus-millstaettersee.at
- ÖPNV: Haltestelle Strandbad

Verstecktes Kleinod

4

Der Rosengarten in Villach

Die Altstadt von Villach bietet eine faszinierende Mischung aus historischer Architektur, lebendiger Atmosphäre und kulturellem Flair. Geprägt von pastellfarbigen Gebäuden und gepflasterten Gassen bietet sie ein malerisches und einladendes Ambiente. Mit rund 60.000 Einwohnern ist Villach die zweitgrößte Stadt Kärntens. Heute präsentiert sich Villach als moderne Einkaufs-, High-Tech- und Kulturstadt mit mediterranem Ambiente und zauberhaften Kleinoden. Der Hauptplatz ist das Herzstück der Altstadt. Hier befinden sich Cafés, Restaurants und Geschäfte, die zum Bummeln und Verweilen einladen.

Die gotische Stadtpfarrkirche St. Jakob mit ihrem imposanten Turm – der übrigens besichtigt werden kann – ist ein markantes Wahrzeichen, das die Skyline der Altstadt prägt. Westlich des Oberen Kirchenplatzes beginnt die Widmanngasse, die zum ältesten Teil der Stadt zählt. Hier wurden die ersten Märkte der Stadt abgehalten. Seit 1879 trägt die Gasse den Namen der Widmanns, einer angesehenen Villacher Kaufmannsfamilie. Wer sich für Villachs Geschichte von der Steinzeit bis zur Gegenwart interessiert, sollte einen ausgiebigen Rundgang im Stadtmuseum in der Widmanngasse einplanen. Schon das Gebäude selbst ist sehenswert, es birgt einen wunderschönen Renaissance-Innenhof. Gegenüber vom Stadtmuseum befindet sich inmitten der Altstadt ein auf den ersten Blick unscheinbarer Ort, an dem man leicht vorbeilaufen mag. Es ist eine kleine Ruheoase im historischen Zentrum Villachs.

TIPP

Das Denkmal der Namen in der Widmanngasse erinnert an die Opfer des Nationalsozialismus.

Der etwas versteckte, idyllische Rosengarten mit seinen schattigen Nischen und dem Trinkwasserbrunnen ist ein besonderer, nahezu magisch anmutender Ort in Villach. Der Minipark wurde liebevoll mit farbenprächtigen Rosen und Efeu angelegt und entfaltet besonders im Rosenmonat Juni seine volle Schönheit. Für viele ist der Rosengarten ein Rückzugsort, um zwischen den Einkäufen eine Pause einzulegen. Die Bänke laden zum Verweilen ein und dazu, die Gedanken schweifen zu lassen oder sich einem netten Plausch mit anderen Besuchern zu widmen.

- Rosengarten Villach, Eingang gegenüber vom Museum der Stadt Villach, Widmanngasse 38/Ecke Oberer Kirchenplatz 8, 9500 Villach
- ÖPNV: Haltestelle Drauparkstraße

Wilde Kuscheltiere

5

Ein Ausflug zum Tierpark Rosegg

Das Streicheln von Tieren ist eine wahre Quelle des Glücks. Berührt man das weiche Fell, geschieht etwas Magisches: Der Blutdruck senkt sich, die Atmung wird ruhiger und der Puls reguliert sich sanft. Und währenddessen entfesseln Endorphine ein kleines Feuerwerk der Freude im Gehirn. Im Tierpark Rosegg finden große und kleine Besucher keinen gewöhnlichen Zoo vor. Die Tiere residieren in einem weitläufigen Park, der den Burgberg Rosegg umgibt.

Seit 1830 fasst die alte Mauer den Tierpark ein, der auf großzügigen 30 Hektar zum Spazieren lockt. Die Wege sind größtenteils auch für Kinderwagen geeignet und führen durch schattige Waldstücke und eine idyllische Parkanlage. Die Tiere sind in Gehegen untergebracht, viele von ihnen bewegen sich frei im Park. Entlang des Rundwegs stehen Tische und Bänke bereit, die die Besucher dazu einladen, ihre Blicke auf die umliegenden Berge schweifen zu lassen und einfach im Moment zu verweilen. Auf den Rundwegen begegnet man meist den Steinböcken, die sich gerne auf dem Pfad niederlassen und bereitwillig für Fotos posieren. Solange man den Tieren den gebührenden Respekt zollt, sind sie in der Regel ungefährlich. Von den rund 300 Tierparkbewohnern stammen die meisten aus heimischen Gefilden, nur die Bisons und Kängurus zählen zu den Exoten.

TIPP

Neben dem Tierpark befindet sich eines der größten Gartenlabyrinthe Österreichs.

Gleich zu Beginn eröffnet sich das große Wildgehege, wo man für wenige Euro eine Tüte Futter erwerben kann, um die Tiere zu füttern. Diese sind so zutraulich, dass sie einem buchstäblich aus der Hand fressen. Im Kleintierzoo warten Schafe, Ziegen, Esel, Meerschweinchen, Kängurus und Lamas sehnsüchtig auf die Streicheleinheiten der kleinen Besucher. Besonders entzückend sind die Zackelschafe mit ihren imposanten Hörnern oder die Walliser Schwarznasenschafe mit ihrer wuscheligen Mähne. Der Kinderspielplatz bietet den jungen Gästen die Möglichkeit, sich auszutoben, während die Erwachsenen im angrenzenden Restaurant Ruhe und Entspannung finden.

- Tierpark Rosegg, Wildparkweg, 9232 Rosegg, Tel. +43 (42 74) 5 23 57
  www.rosegg.at/tierpark-kaernten
- ÖPNV: Haltestelle Rosegg Ort, ca. 600 Meter Fußweg

Rückzugsort am See

6 Der Neusacherhof am Weißensee

Naturidylle, unverbaute Strände und klares, türkisfarbenes Wasser: Der Weißensee ist ein See wie aus dem Bilderbuch. Er gilt als einer der saubersten Seen Österreichs und sorgt im Sommer bei Gästen für viel Erholung und Badespaß. Das Boutiquehotel Neusacherhof fügt sich mit seinen vor wenigen Jahren neu gestalteten Zimmern und Suiten und in den Türkistönen des Sees gestalteten Räumlichkeiten perfekt in diese Naturidylle ein. Das Hotel, ein Refugium direkt am See gelegen, bietet mit einem großzügigen Wellnessbereich viel Raum für Wohlbefinden und Achtsamkeit.

Schon beim Betreten des Neusacherhofs spüren die Gäste die Wärme der Gastfreundschaft, die Liebe zum Detail und die Authentizität, die diesen Ort ausmachen. Das von Gault&Millau 2023 mit drei Hauben ausgezeichnete Wirtshaus von Stefan Glantschnig verführt mit lokalen Köstlichkeiten, die mit Sorgfalt und Leidenschaft zubereitet werden. Der Geschmack der Region spiegelt sich in jeder delikaten Speise wider. Hier verbindet sich die Tradition der Alpenküche mit modernen Akzenten zu einem Fest für die Sinne. Im Wirtshaus sind nicht nur Hotelgäste, sondern auch Gäste von außerhalb herzlich willkommen, um diese kulinarische Kunst zu genießen. Hier werden kreative Variationen traditioneller Gerichte sowie köstliche Klassiker à la carte oder im Gänge-Menü präsentiert. Der Neusacherhof ist nicht nur ein Ort des feinen Genusses, sondern auch ein Treffpunkt für alle, die die Verbindung von Tradition und zeitgemäßer Kochkunst zu schätzen wissen.

TIPP

Die Gillardeau-Austern im Bootshaus genießen, die unter Kennern als das Feinste vom Feinsten gelten.

Das Herzstück des Hauses ist der direkt am See gelegene Wellnessbereich mit Yoga- und Seminarraum. Dieser wird für Ruhesuchende zu einem Zufluchtsort, wo die Zeit stillzustehen scheint. Hier kann man den Alltag hinter sich lassen, während man die Ruhe spürt und die Schönheit der umliegenden Landschaft bewundert. Die Aura der Stille, das sanfte Rauschen des Wassers und die frische Bergluft schaffen eine Atmosphäre der Gelassenheit und Inspiration.

- Hotel Neusacherhof, Neusach 1, 9762 Weißensee, Tel. +43 (47 13) 2 01 55 www.neusacherhof.at
- ÖPNV: Haltestelle Neusacherhof, Gralhof (www.naturparkshuttle.com)

Kärntner Toskana

7 Genießen auf Burg Taggenbrunn

Eine leichte Sommerbrise lässt das Gras sanft im Wind hin und her wiegen. Von den Terrassen auf Burg Taggenbrunn aus kann man den Blick über Mittelkärnten bis hin zum Wörthersee schweifen lassen. Hier fühlt man sich wie in der Toskana, man sitzt inmitten üppiger Weinberge – und das im Herzen Kärntens. Ein gutes Glas Wein in der Weinbar macht das Glück dieses malerischen Orts perfekt.

Einst thronte eine marode Burgruine zwischen Wäldern auf Taggenbrunn. Die Unternehmerfamilie Riedl, Eigentümer des Uhrenimperiums Jacques Lemans, hat das Anwesen 2011 erworben und ein Refugium für die schönen Dinge des Lebens geschaffen. Die Burg wurde revitalisiert, die Landschaft kultiviert und heute ist Taggenbrunn für köstlichen Wein, sein besonderes Ambiente für Feierlichkeiten, Einkaufen, Kultur und Gastlichkeit bekannt. Historische Gewölbe aus dem Jahr 1803 verleihen dem Weinbergsaal, der Location für Feierlichkeiten, eine besondere, zeitlose Atmosphäre. Im Gutsladen gibt es Genuss zum Mitnehmen: Weine zu Ab-Hof-Preisen, Produkte aus der Region, kulinarische Geschenkideen sowie Eintrittskarten für die Taggenbrunner Festspiele. Im Jacques Lemans Museum und Store können Uhren und Schmuckstücke erstanden werden.

TIPP

Eine 100 Meter lange Röhrenrutsche verspricht jede Menge Spaß und Adrenalinkicks.

Auf der Burg stehen Gästen die Türen des Burgrestaurants, des Burgcafés sowie der Weinbar offen. Ein Besuchermagnet ist die von Künstler André Heller kuratierte Ausstellung „Zeiträume". Lichtinstallationen lassen den Besucher staunen, zeigen aber auch spannende Fakten. Die Weltzustandsmaschine informiert in Echtzeit über den Gesundheitszustand unseres Planeten. Imponierend ist auch die Reise zum Mittelpunkt der Erde. Ein ganz besonderer Blickfang auf Taggenbrunn ist die von André Heller entworfene Skulptur der „Zeitgöttin". Sie stellt einen machtvollen Naturgeist dar, dem der Schutz der Burg Taggenbrunn, ihrer Weinberge und all ihrer Besucher anvertraut ist. Sie soll uns Menschen an unsere Verantwortung gegenüber dem Planeten Erde, besonders im Hinblick auf die Natur erinnern.

● Weingut Taggenbrunn, Taggenbrunn 9, 9300 St. Veit an der Glan, Tel. +43 (42 12) 3 02 00, www.taggenbrunn.at

Natur hautnah erleben

8 Die Groppensteinschlucht im Unteren Mölltal

Mit der Raggaschlucht, der Barbarossaschlucht und der Groppensteinschlucht liegen nicht weniger als drei der spektakulärsten Schluchten Kärntens nah beieinander im Nationalpark Hohe Tauern. Die Groppensteinschlucht ist ein fantastisches Naturerlebnis, das sich im Unteren Mölltal, im Luftkurort Obervellach, entlang des Mallnitzbachs befindet. Sie ist ein herausragendes Beispiel für die majestätische Schönheit und die geologische Vielfalt, die diese Region zu bieten hat.

Die Schlucht erstreckt sich über eine Strecke von 2,5 Kilometern. Das Rauschen des Wassers und die steilen Felswände schaffen eine atemberaubende Kulisse und eine beruhigende Atmosphäre. Der Weg durch die Groppensteinschlucht – ein Alltagsabenteuer für die ganze Familie – führt über schmale Pfade, Treppen und Holzstege, die an den steilen Felswänden angebracht sind und den Besuchern ein sicheres und gleichzeitig intensives Glückserlebnis vermitteln. Während des Spaziergangs durch diese Schlucht kann man die Kraft der Natur hautnah erleben und die erstaunliche Arbeit sehen, die das Wasser im Laufe der Zeit geleistet hat, um diese faszinierende Landschaft zu formen. Die Vegetation in der Groppensteinschlucht ist ebenso beeindruckend wie die Geologie. Moose, Farne und andere Pflanzenarten gedeihen in den feuchten Nischen und Spalten der Felsen und tragen zur Schönheit und Vielfalt dieses Ökosystems bei.

TIPP
Dienstags werden im Sommer geführte Nachtwanderungen durch die bunt erleuchtete Schlucht angeboten.

Besucher haben die Möglichkeit, die Tour auf eigene Faust zu unternehmen und dabei auf dem Weg durch Fichten- und Lärchenwälder den 30 Meter hohen Groppensteinwasserfall und den 40 Meter hohen Zechnerfall zu entdecken. Sowohl Naturliebhaber als auch kleine Abenteurer fasziniert es gleichermaßen, die Schönheit der Natur auf diese unmittelbare und intensive Weise zu erleben. Die Groppensteinschlucht ist nicht nur ein landschaftliches Juwel, sondern auch ein Ort, der zum Staunen und Verstehen der Natur einlädt und Besucher mit ihrer unvergleichlichen Naturgewalt beeindruckt.

- Groppensteinschlucht, beim Mautturm/Kassa, Raufen 3, 9821 Obervellach, Tel. +43 (47 82) 3 21 22, www.groppensteinschlucht.at
- ÖPNV: Haltestelle Raufen

Geräuschlos dahingleiten

9 Mit der Alpenperle über den Weißensee

Der Weißensee präsentiert sich seinen Besuchern mit einer Länge von 11,6 Kilometern, eingebettet zwischen sattgrünen Bergketten. Sein tiefes Blau und die üppig bewachsenen, unverbauten Ufer verleihen ihm einen fjordähnlichen Charakter, der unweigerlich an die imposanten Landschaften Nordeuropas erinnert. Das ganze Weißenseegebiet gilt als Naturjuwel, dessen Großteil unter Natur- oder Landschaftsschutz steht. Sein glasklares Wasser lädt dazu ein, den Sprung in diesen erfrischenden Bergbadesee zu wagen und darin zu schwimmen, während am Grund des Sees Fischschwärme zu sehen sind.

Namensgeber für diesen besonderen Ort sind die beeindruckenden Seekreidebänke entlang des Ufers, die aus den angespülten Kalkpartikeln der umliegenden Berge entstanden sind. Diese Formationen tragen maßgeblich zur einzigartigen Farbgebung des Wassers bei und verleihen dem Weißensee seine unvergleichliche Schönheit.

Bei einer Fahrt mit dem elektrischen Hybridschiff Alpenperle erlebt man die Idylle dieses Glücksorts noch stärker. Das Schiff ist Teil des renommierten Familienunternehmens Müller Schifffahrt und markiert einen bahnbrechenden Fortschritt in der Schifffahrt am Weißensee. Als eines der ersten Elektro-Hybrid-Schiffe in Österreich repräsentiert es eine wegweisende, umweltfreundliche Technologie. Diese Innovation gewährleistet nicht nur eine emissionsfreie Fahrt über den See, sondern auch ein nahezu geräuschloses Erlebnis, das die natürliche Schönheit der Umgebung ungestört zur Geltung bringt und auf seine Einzigartigkeit reduziert. Das Konzept des Elektro-Hybrid-Schiffs harmoniert perfekt mit den Prinzipien des Naturparks Weißensee. Das Schiff bietet auf dem ersten Deck eine barrierefreie Umgebung, nicht nur für Rollstuhlfahrer, sondern es erleichtert auch die Mitnahme von Fahrrädern und Kinderwagen. An Bord wird zudem für das leibliche Wohl gesorgt, sodass die Gäste das unvergleichliche Panorama in vollen Zügen genießen können.

TIPP

Eine Fahrt mit den Linienschiffen am See ist eine perfekte Ergänzung für Wander- oder Radtouren.

- Weißensee Schifffahrt, Tel. +43 (47 13) 22 67, www.weissensee-schifffahrt.at
- Anlegestelle Ostufer (Dolomitenblick), Mösel 7, 9714 Stockenboi
- Anlegestelle Westufer (Techendorf), Techendorf Brücke, 9762 Weißensee

Im Schokoladenhimmel

10 Craigher Schokolade Erlebniswelt in Friesach

Die Familie Craigher empfängt ihre Gäste bereits in der dritten und vierten Generation in ihrem Kaffeehaus im Herzen von Friesach, der ältesten Stadt Kärntens. Neben den 99 süßen, handgemachten Schokoladenkreationen werden in der Vitrine täglich frische Torten präsentiert. Dieses Kaffeehaus ist nicht nur ein Ort des Genusses, sondern auch ein Ort, an dem die Liebe zur Schokolade und das Erbe einer jahrhundertealten Tradition miteinander verschmelzen. Es ist ein Haus, an dem Gäste nicht nur Konsumenten, sondern Teil einer süßen Familiengeschichte sind.

Kärntens einzige Schokolade Erlebniswelt ist mehr als nur eine Reise für die Sinne – es ist eine tiefgehende Entdeckung der faszinierenden Welt der Kakaobohne und des kostbaren Schokoladengenusses. Die informative Ausstellung entführt die Besucher auf die Spuren der Kakaobohne, angefangen bei ihrer Entdeckung in den Zeiten der Maya und Azteken. Hier spürt man nicht nur Geschichte, sondern eine echte Verbindung zu den Ursprüngen der Schokolade.

TIPP

Craighers hausgemachte heiße Schokolade gibt es im Kaffeehaus und zum Mitnehmen im Shop.

Ein besonderer Teil der Erlebniswelt ist die virtuelle Reise zu den Anbaugebieten weltweit, begleitet von den geschmacklichen Nuancen des Kakaos aus verschiedenen Regionen. Das ermöglicht den Besuchern, nicht nur mit den Augen, sondern auch mit dem Gaumen die Vielfalt der Aromen zu erforschen – eine unvergessliche sensorische Erfahrung.

In der Schaumanufaktur der Familie Craigher gewähren die Chocolatiers faszinierende Einblicke in ihre Handwerkskunst. Hier wird Schokolade nicht nur hergestellt, sondern zelebriert. Die Besucher haben die Möglichkeit, an einigen Verkostungsstationen die unvergleichlichen Geschmacksnuancen der Craigher Schokoladen selbst zu erleben. Unter dem inspirierenden Motto „Einfach Glück genießen" offenbart sich eine verlockende Vielfalt, darunter Sorten wie Kärntner Reindling, Eierlikör, Erdnuss-Karamell und viele weitere exquisit handgefertigte Kreationen. Schokoholics fühlen sich hier schlicht im siebten Himmel.

● Craigher Schokolade Erlebniswelt & Shop, Hauptplatz 3, 9360 Friesach, Tel. +43 (42 68) 22 95, www.craigher.com

● ÖPNV: Haltestelle Stadtamt

Mystisch schönes Kärnten

11

Auf der Panoramastraße Nockalmstraße

Die 34 Kilometer lange Nockalmstraße zwischen Innerkrems im Norden und Ebene Reichenau im Süden ist zweifellos eine der abwechslungsreichsten und schönsten Alpenstraßen, die erlebt werden kann. Die Panoramastraße schlängelt sich in 52 Kehren oder *Reid'n* durch die sanften Kuppen der Nockberge, an der Landesgrenze von Kärnten zu Salzburg. Die Kehren fügen sich harmonisch in die Landschaft ein, als wären sie von der Natur selbst gezeichnet worden, der Weg ist hier eindeutig das Ziel!

Immer wieder öffnen sich Aussichtspunkte, die den Blick auf die umliegende Pracht freigeben. Der Anblick der sanften Hügel, üppigen Almwiesen und des Himmels, der hier so nahe scheint, lässt das Herz vor Ehrfurcht höherschlagen. Es bieten sich unvergessliche Aussichten, zum Beispiel auf den größten Lärchen- und Zirbenwaldbestand der Ostalpen und die Berggipfel, die mit weitläufigen Almen als Wandereldorado gelten. Entlang der Nockalmstraße können zahlreiche kostenlose Ausstellungen besucht werden. Genussstopps in den Almhütten und Berggasthöfen machen den alpinen Roadtrip zu einem Fest für die Sinne. In der urigen Zechneralm wird ein köstlicher Kaiserschmarrn serviert, der mit jedem Bissen verwöhnt. Der angeschlossene Bauernmarkt lockt mit regionalen Produkten.

TIPP

Die Tour in Innerkrems starten und nach Ebene Reichenau fahren.

Im Almwirtschaftsmuseum wird von der harten Arbeit der Senner, die über Generationen hinweg die Almen bewirtschaftet haben, erzählt. Ein weiteres Juwel entlang dieser magischen Straße ist die Grundalm mit ihrer faszinierenden Silva Magica. Dieser mystische Ort entführt die Besucher in die Welt der Naturgeheimnisse und Naturwesen. Ein barrierefreier Rundweg offenbart dabei verblüffende Einblicke, ruft Sehnsüchte hervor und weckt den Wunsch nach Rückkehr zur Verbundenheit mit der Natur. Die Glockenhütte hält eine besondere Überraschung bereit: die Wunschglocke. Ein Ritual, bei dem man seine Wünsche in das Läuten der Glocke legt, die sie dann über die Weite der Nockberge trägt – eine Geste voller Hoffnung und Magie.

● Panoramastraße Nockalmstraße, Kassenstelle Innerkrems, Innerkrems 103, 9862 Kremsbrücke, Tel. +43 (47 36) 2 65
www.nockalmstrasse.at

Zauberhaftes Butterbier

12

Im Phoenix Book Café in Klagenfurt

Die anhaltende Faszination von „Harry Potter“ bleibt zeitlos. Die Saga des jungen Zauberers, der an der Hogwarts-Schule für Hexerei und Zauberei in die Welt der Magie eintaucht und mit seinen treuen Freunden Ron und Hermine gegen den gefürchteten Dunklen Lord Voldemort kämpft, hat Generationen von Lesern und Zuschauern gleichermaßen begeistert und die Literaturlandschaft nachhaltig geprägt. Das Phoenix Book Café am Alten Platz in Klagenfurt eröffnet seinen Gästen die Tore zu diesem verzauberten Reich, das auf zwei Etagen mit faszinierenden Details zum Verweilen einlädt.

Eine einzigartige Atmosphäre erwartet Besucher: Hier tauchen Kinder noch tiefer in die fantastische Welt von Harry und seinen Gefährten ein, während Erwachsene sich mit einem „Mint Magic“ oder einem „Verzauberten Elfen“ verwöhnen lassen können – ganz ohne die Notwendigkeit, nach London zu den berühmten Hogwarts-Studios reisen zu müssen. Das Café bietet nicht nur eine breite Palette exklusiver Harry-Potter-Süßigkeiten wie „Bertie Botts Every Flavoured Beans“ oder „Chocolate Frogs“ an, welche die Herzen der Fans höherschlagen lassen, sondern auch eine Fülle an Fanartikeln und Sammlerstücken, um die magische Welt noch intensiver zu erleben. Von coolen T-Shirts bis hin zu dekorativen Accessoires, Spielen, Kostümen, Sammlerstücken und Werkzeugen für Magier und Hexen – das Café ist ein Paradies für jeden Fan und alle, die Harry Potters Welt kennenlernen wollen. Zudem bietet das Café zahlreiche gemütliche Ecken inmitten von Büchern, Zeitungen und Zeitschriften aller Art. Hier können die Gäste herzhafte und süße Köstlichkeiten in einem zauberhaften Ambiente genießen. Die Regale sind randvoll mit Geschichten, die darauf warten, von Bücherwürmern, Kuchenliebhabern und Plaudertaschen entdeckt zu werden. Das Phoenix Book Café ist nicht nur ein Ort, um köstliche Speisen und magische Getränke zu genießen, sondern auch ein Zufluchtsort für alle, die sich in eine andere Welt träumen möchten.

TIPP

Das Alte Rathaus gegenüber dem Café aus dem 17. Jahrhundert mit einem eindrucksvollen Arkadenhof.

- Phoenix Book Café, Alter Platz 24, 9020 Klagenfurt am Wörthersee, Tel. +43 (4 63) 50 40 24, www.phoenixbookcafe.com
- ÖPNV: Haltestelle Heiligengeistplatz

PHOENIX
CAFÉ, BOOKS & MORE
PHOENIX
CAFÉ, BOOKS & MORE

Achtsamkeit am Berg

13

Mountain Yoga Trail Bad Kleinkirchheim

Yoga bedeutet weit mehr als Bewegung. Es ist vielmehr eine uralte, indische Philosophie mit dem Ziel, Geist und Körper zu verbinden. Yoga ist bekannt dafür, einen positiven Einfluss auf die geistige, seelische und körperliche Gesundheit zu haben. Yoga ist einfach, effektiv und kann überall praktiziert werden. Mit dem Mountain Yoga Trail in Bad Kleinkirchheim wurde auf 2000 Metern Seehöhe mitten in der naturbelassenen Bergwelt ein ganz besonderer Ort geschaffen, der es jedem Besucher ermöglicht, in einzigartige magische Naturmomente einzutauchen – mit guten Gedanken und glückseligen Erlebnissen im Biosphärenpark Nockberge.

An zehn Yogastationen gibt es die Möglichkeit, die gängigsten Yoga Asanas in der Bergsommerkulisse zu praktizieren. Jede Übung zielt auf bestimmte Energiezentren im Körper ab und verbindet den Energiefluss zwischen Geist und Körper. Dabei geht es nicht darum, die Übungen perfekt auszuführen. Es gibt kein Richtig oder Falsch. Das Wichtigste ist, sich selbst eine kleine Auszeit zu schenken und frische Energie zu tanken. An einem Ort, der vom sanften Rauschen der Bäume im Wind, vom Zwitschern der Vögel und vom Duft nach Waldboden und würziger Bergluft dominiert wird. Am Wegesrand des Yoga-Rundwegs sind viele Blumen, Heilkräuter und Pflanzen zu finden, die nachweislich eine beruhigende Wirkung auf den Menschen haben. So kann Wacholder erspäht werden, der mitten in den Bergwiesen wächst. Die wichtigste Essenz von Gin ist für ihre beruhigende Wirkung bekannt. Zu finden ist aber auch Johanniskraut, dessen Öl gegen Depressionen eingesetzt wird. Der Trail endet beim Felsendom, in dessen schützender Umgebung meditiert oder entspannt werden kann.

Um zum Yoga Mountain Trail zu gelangen, fährt man mit der Biosphärenparkbahn Brunnach von Bad Kleinkirchheim in Richtung der Gipfel der Kärntner Nockberge. Gleich neben der Bergstation startet der ausgeschilderte Mountain Yoga Trail.

TIPP

Zwei Thermen laden in Bad Kleinkirchheim zum Wellness ein.

- Mountain Yoga Trail, neben der Bergstation Biosphärenparkbahn Brunnach (Talstation: Angerbichlweg 7), 9546 St. Oswald www.mountain-yogatrail.at
- ÖPNV: Haltestelle Biosphärenparkbahn

Get urban

14 Am Lendkanal und in der Hafenstadt Urban Area

Der Lendkanal birgt viel Nostalgie und eine einzigartige Geschichte im Alpen-Adria-Raum. Einst ein bedeutender Transportweg zwischen Wörthersee und Markt war er essenziell für den Transport von Baumaterial und Brennstoff. Selbst venezianische Gondeln waren einst auf diesem Wasserweg unterwegs. Heutzutage ist der Lendkanal das Lebenselixier der Städter, sei es für Sportler, die den schönsten Weg zum Wörthersee nehmen, oder für Spaziergänger, die an den prächtigen Jugendstilhäusern entlang der Tarviser Straße flanieren wollen. Der Lendkanal bietet nicht nur romantische Plätze für Fotos, sondern auch eine Glücksoase der Entspannung, die von den Einheimischen als Treffpunkt und Rückzugsort geschätzt wird. Im Winter kann der Kanal sogar zufrieren und zur beliebten Eislaufbahn für Jung und Alt werden.

Entlang des Kanals überqueren zehn Brücken und Fußgängerstege den Fluss vom Lendhafen bis zur Ostbucht des Sees. Die älteste Brücke ist die Steinerne Brücke von 1535. Hier trifft man sich in der warmen Jahreszeit auf ein Eis beim Morle Eissalon. Das kultige Eis mit Schokoguss wird traditionell auf der Morle-Bank oder den Treppen genossen, die zum Lendkanal hinunterführen.

Das ehemals heruntergewirtschaftete Lendhafenviertel wurde ab 2017 mit viel Idealismus und dank einer Initiative revitalisiert und gilt nun als das Szeneviertel von Klagenfurt. Die respektvoll restaurierten 200 Jahre alten Gebäude dürfen den Charme vergangener Zeiten bewahren und zeigen. Einem der ältesten Stadtteile Klagenfurts wurde neues Leben eingehaucht. Im Dock 01 der Hafenstadt Urban Area ist eine Bistrobar mit Schwerpunkt auf Frühstück und Schnellimbiss zu finden. Dazu gesellt sich das Deli mit einem Aufgebot an regionalen Köstlichkeiten. Das Lendhafencafè, ein Theater, eine Gelateria, eine Kunstgalerie und ein Co-Working-Space, runden das urbane Angebot ab. Der Lendkanal ist längst nicht mehr nur eine Wasserstraße, sondern ein Ort des Zusammenkommens und der Kreativität am Puls der Zeit.

- Hafenstadt Urban Area, Villacher Straße 16–18, 9020 Klagenfurt am Wörthersee www.hafenstadt.at
- Morle Eissalon, Tarviser Straße 100, 9020 Klagenfurt am Wörthersee
- ÖPNV: Haltestellen Lendhafen oder Steinerne Brücke

HAFEN
STADT
URBAN AREA

Hoch hinauf am Faaker See

15 Waldseilpark und Aussichtspunkt Taborhöhe

Im luftigen Höhenspiel des Walds offenbart sich eine völlig neue Perspektive für jene, die sich hoch über dem Erdboden zwischen den Baumkronen bewegen. Ein spielerisches Tarzangefühl entsteht, wenn man sich von Ast zu Ast schwingt oder besser gesagt geschickt balanciert. Die Kunst, von Baumwipfel zu Baumwipfel zu steigen, erfordert lediglich ein Quäntchen Geschicklichkeit und verspricht nicht nur die Überwindung von Höhenangst, sondern auch die Überwindung persönlicher Grenzen. Letzteres wiederum schüttet ganz viele Glückshormone aus.

Der Waldseilpark Taborhöhe befindet sich in einem naturbelassenen Wald, wo zwischen den Bäumen in Höhen von 2 bis 20 Metern Stahlseile, Wackelbrücken und Netze gespannt sind. Die Brücken, die den schwebenden Parcours bilden, variieren in ihrer Bauweise. Mal balanciert man über schwankende Bretter oder durchquert Seilschlaufen, ein anderes Mal überquert man schmale Balken oder gleitet an einer Seilrutsche durch das dichte Blätterdach. Jeder Besucher erhält eine umfassende Sicherheitsausrüstung, bestehend aus einem Klettergurt und einem Helm, sowie eine detaillierte Einweisung durch erfahrene Trainer. Inmitten dieses Abenteuers sind geniale Ausblicke, unerwartete Herausforderungen, faszinierende Momente und vor allem eine gehörige Portion Spaß garantiert.

TIPP

Der Aussichtspunkt Taborhöhe ist bei Sonnenuntergang ein besonders magischer Ort.

Wer sich absolut nicht in schwindelerregende Höhen wagen möchte, der genießt vom Aussichtspunkt Taborhöhe den grandiosen Blick auf den leuchtend türkisen Faaker See samt Umland und nahen Bergen. Erreichbar ist der Aussichtspunkt von Egg aus mit einer leichten, 1-stündigen Wanderung oder einer kurzen Autofahrt. Geparkt werden kann beim Parkplatz des Waldseilparks. Neben dem Waldseilpark gibt es auch einen gemütlichen Gastgarten. Bei einem Gläschen Spritzer oder einem kühlen Bier lässt sich die Aussicht dann noch besser genießen.

- Hochhinauf Waldseilpark Taborhöhe, Taborstraße 2, 9581 Ledenitzen, Tel. +43 (6 99) 18 60 16 07, www.hochhinauf.at
- ÖPNV: Haltestelle Egg/Faaker See Ort, ca. 2 Kilometer Fußweg

Baristas Kaffeekunst

16

In der Kaffeeteria und Kaffeerösterei Villach

Ausgezeichnet vom renommierten Falstaff Fachmagazin gilt die Kaffeeteria als eines der besten Caféhäuser im Jahr 2023. Hier wird die Kunst der Baristas zu einer regelrechten Wissenschaft erhoben und auf höchstem Niveau zelebriert. Das Geheimnis hinter dem exquisiten Kaffeegenuss liegt in der hauseigenen Rösterei, wo der Kaffee mit Hingabe und Fachkenntnissen veredelt wird. Die frisch gerösteten Bohnen gibt es im Shop, wo Genießer die Möglichkeit haben, das koffeinhaltige schwarze Glück mit nach Hause zu nehmen.

Die Kaffeeteria ist mehr als nur ein Café, vielmehr ein Ort mit besonderem Flair und Liebe zum Detail. Jeder Gast wird mit offenen Armen empfangen, denn hier stehen Gemeinschaft und Diversität im Vordergrund. Die Menschen finden hier zusammen, um die Lust auf eine gute Tasse Kaffee zu teilen. Das harmonische Interieur im Café schafft ein Wohlfühlambiente, das die Sinne verzaubert. Die Atmosphäre lädt dazu ein, dem hektischen Alltag zu entfliehen und sich in aromatischen Genussmomenten zu verlieren. Ein besonderer Hingucker sind die Toiletten im Dschungelstil. Der Spruch „Hakuna Matata – keine Sorgen für den Rest des Tages“ schießt einem da sofort durch den Kopf.

TIPP
Die Reservierung für das Frühstück ist empfehlenswert.

Die Kaffeeteria verwöhnt die Gäste nicht nur mit dem besten Frühstück der Stadt, sondern auch mit kulinarischen Höhepunkten an drei wöchentlich stattfindenden Themenabenden. Der Küchenchef lädt ab 17 Uhr zu besonderen kulinarischen Erlebnissen ein. Dabei kann sich die kreative Vielfalt in einem festlichen Ambiente entfalten. Die umfangreiche Frühstückskarte bietet sowohl bekannte Klassiker als auch angesagte Hipster-Food-Kreationen. Jede Mahlzeit wird mit Liebe zubereitet, um den Gästen ein unvergessliches kulinarisches Erlebnis zu bescheren.

Das Herzstück des Cafés ist zweifellos die Kaffeeschule. Hier geben Barista Staatsmeister nicht nur ihr umfangreiches Wissen weiter, sondern teilen auch ihre Leidenschaft für die Kunst der perfekten Kaffeezubereitung.

- Kaffeeteria, Italiener Straße 15, 9500 Villach, Tel. +43 (6 76) 6 85 46 29
www.kaffeeteria.at
- ÖPNV: Westbahnhof Villach, Haltestelle Hans-Gasser-Platz oder 10.-Oktober-Straße

Die Festung fürs Volk

17 Eine Zeitreise zu Burg Hochosterwitz

In einem der fruchtbarsten Gebiete Kärntens erhebt sich ein markanter und freistehender, 150 Meter hoher Kalksteinfelsen, der von allen umliegenden Bergen und Hügeln aus zu sehen ist. Im Sommer wird die Burg von weitläufigen goldenen Kornfeldern umgeben, die sich sanft im Wind wiegen. Besonders beeindruckend ist der mit vielen Toren versehene, steile Weg hinauf in das mittelalterliche Festungsgebäude. Die Burg besteht aus 14 Toren, die charakteristisch für dieses Kärntner Wahrzeichen sind. Die Tore bilden zusammen ein ausgeklügeltes System, um Feinde von der Eroberung der Festung abzuhalten. Dank Zugbrücken, Fallgittern und Gräben schaffte es keiner der Feinde durch die Tore, von denen jedes individuell gestaltet wurde. Die Anlage machte die Burg uneinnehmbar, da die Gegner Tor für Tor erobern mussten und dabei von allen Seiten dem Angriff ausgesetzt waren.

Die Festung wurde von 1570 bis 1586 im Auftrag von Freiherr Georg von Khevenhüller errichtet, um die Bevölkerung zu schützen und ihr Wohlergehen zu gewährleisten. Seit über 470 Jahren befindet sich die Burg kontinuierlich im Besitz der Familie. Regelmäßig werden auf der Burg Konzerte, Ritterfeste sowie Vollmondwanderungen veranstaltet. Innerhalb der historischen Mauern befinden sich eine Rüstkammer, eine Waffensammlung, Bilder aus der Renaissance, ein Museum und ein Burgrestaurant. Im Rittersaal kann im historischen Ambiente elegant gespeist werden. In der Schmiede und Zimmerei wird auch heute noch mittelalterlichen Handwerkskünsten nachgegangen. Die Burg wurde so konzipiert, dass die Menschen innerhalb ihrer Mauern sich selbst versorgen konnten, sogar mit einer Mühle und einem Weinkeller.

In historischen Momenten wie den Angriffen der Türken diente die Burg als Zufluchtsort für die Bevölkerung. Über eine Schrägbahn auf einer Länge von 124 Metern können in kürzester Zeit 14 Personen auf die Hochburg befördert werden. Somit ist der Besuch dieser einzigartigen Burg auch für ältere und gehbehinderte Menschen möglich.

TIPP

Ein Schmiedekurs auf der Burg gewährt Einblicke in das mittelalterliche Handwerk der Schmiedekunst.

- Burg Hochosterwitz, Hochosterwitz 1, 9314 Launsdorf, Tel. +43 (42 13) 20 20 www.burg-hochosterwitz.com
- ÖPNV: Haltestelle Burg Hochosterwitz (April bis Oktober)

Tosende Naturgewalt

18

Am Wildensteiner Wasserfall

Am Fuße des 2139 Meter hohen Hochobirs führt von der Rosentaler Bundesstraße B 85 durch den Wald eine asphaltierte Straße zu einem geschotterten Parkplatz. Bereits beim Aussteigen aus dem Auto ist das wilde Rauschen des Wassers zu hören. Der Wasserfall wird vom Wildensteiner Bach gebildet, der unweit des Flusses Vellach in die Drau mündet. Nach dem Wasserfall fließt der Wildensteiner Bach noch etwa 300 Meter bis zu einer Staumauer, wo sein Wasser gesammelt und in Druckrohren zu einem Kraftwerk geleitet wird. Seinen Namen verdankt der Wasserfall der oberhalb gelegenen Burgruine Wildenstein, die beim Erdbeben von Friaul im Jahre 1348 zerstört worden sein soll.

Der Wildensteiner Wasserfall ist eine Naturgewalt, die sich ihren Weg durch Felsen gebahnt hat und mit einer kraftvollen Präsenz in die Tiefe stürzt. Mit einer imposanten Fallhöhe von 54 Metern gehört dieses Naturjuwel zu den höchsten seiner Art in Europa. Hier, wo das Wasser aus schroffen Felsen in die Tiefe stürzt und dabei einen Schleier aus feinem Sprühnebel in die Luft wirft, findet man Abkühlung an besonders heißen Sommertagen. Das Schauspiel, das die Luft mit dem beruhigenden Klang des rauschenden Wassers erfüllt, übt eine besondere Magie und Faszination auf die Besucher dieses Glücksorts mitten im Wald aus. Im Sommer umgeben von einem üppigen Grün, verfärben sich im Herbst die Laubbäume rundherum magisch wie in einem farbenfrohen Gemälde, das die Seele berührt und die Fantasie beflügelt. Der Wanderweg zum Wildensteiner Wasserfall führt über einen schmalen, steilen Pfad und wird zum Schluss ein wenig anstrengend. Doch jeder Schritt dieses Aufstiegs lohnt sich. Spätestens seit der Wasserfall 2017 zum schönsten Ort in Kärnten gewählt wurde, pilgern jährlich unzählige Besucher zu dieser Naturschönheit. Aus Sicherheitsgründen entschloss sich die Gemeinde dazu, eine neue Aussichtsplattform zu errichten, die seit 2023 die Besucher dazu einlädt, an diesem fotogenen Hotspot zu verweilen und die Aussicht zu genießen.

TIPP

Am Parkplatz gibt es ein Handwerksmuseum mit Werkzeugen und historischen Geräten.

- Wildensteiner Wasserfall und Handwerksmuseum, Wildenstein 8, 9132 Gallizien www.kaernten.at/sehenswertes/naturerlebnisse
- ÖPNV: Haltestelle B 85 Abzweigung Wasserfall, ca. 1,2 Kilometer Fußweg

Berge zum Greifen nah

19 Die Hochgebirgsbahn Ankogel

Mallnitz hat im Laufe der Zeit mehrfach seinen Charakter geändert. Einst war es ein schwer zugängliches Alpental, das erst ab 1909 mit der Erschließung durch die Eisenbahn bekannt und zu einem Eldorado für Bergsteiger wurde, die den Ankogel mit seinen 3252 Metern Höhe bezwingen wollten. Seit 1966 bringt die Ankogelbahn in Mallnitz Sommer wie Winter Sportbegeisterte vom Talort zur Bergstation auf über 2636 Metern Seehöhe.

Mit der Eröffnung der Ankogelbahn wurde Mallnitz ein Wintersport-Hotspot mit einem pulsierenden Nachtleben, angesagten Hotels und Restaurants. Seit der Gründung des Nationalparks Hohe Tauern und Mallnitz' Beitritt Anfang der 1980er-Jahre haben sich der Ort und die Ankogelbahn entsprechend weiterentwickelt. Heute ist die Region ein Zufluchtsort für Ruhesuchende und naturverbundene Menschen. Die Hochgebirgsbahn Ankogel – eine moderne Gruppenpendelbahn – führt ihre Gäste in zwei Sektionen sicher und bequem zu einer atemberaubenden Aussicht, umgeben von Dreitausendern. Ohne Anstrengung ist es so jedem möglich, in die beeindruckende, karge felsige Welt des Alpenhauptkamms einzutauchen und das einzigartige Panorama zu erleben.

TIPP

Sonnenschutz, gutes Schuhwerk und warme Kleidung in dieser Hochgebirgsregion nicht vergessen.

Knapp unter der Bergstation befindet sich das Hannoverhaus, erreichbar über eine kurze Wanderung auf schroffen Felsen. Es wurde auf Initiative von Professor Karl Arnold, einem Chemiker aus Hannover und begeisterten Alpinisten, durch die Sektion Hannover des Deutschen Alpenvereins Anfang des 20. Jahrhunderts errichtet. Bis heute erinnert es an die Anfänge des Alpinismus in Mallnitz, ebenso wie das nahe gelegene Mausoleum des Professors. Der Neubau des Hannoverhauses auf 2566 Metern Seehöhe im Jahr 2013 mit 60 Übernachtungsplätzen ist ein idealer Ausgangspunkt für Hochgebirgstouren. Die gemütlichen Wanderer finden auf der Panoramaterrasse den perfekten Platz, um in der Sonne zu verweilen und dabei köstliche Speisen mit unvergesslichen Ausblicken in schwindelerregender Höhe zu genießen.

- Ankogelbahn, Stappitz 87 (Talstation), 9822 Mallnitz
  www.ankogel-ski.at
- ÖPNV: Haltestelle Seebachtal Ankogelbahn Station

Vielfalt und Geselligkeit

20 Auf dem Benediktinermarkt Klagenfurt

Der Benediktinermarkt ist ein Ort mit Geschichte und langer Tradition. Er wurde im Jahr 1758 von den Benediktinermönchen ins Leben gerufen, die einst das nahe gelegene Stift St. Paul bewohnten. Donnerstags und samstags ist Markttag im Herzen von Klagenfurt. Freitags findet der Biomarkt statt. Eine Vielfalt an Farben, Düften und Lebensmitteln wird geboten, wenn die *Fieranten* (Marktfahrer) ihre Waren präsentieren. Von frischem Gemüse und Früchten bis hin zu Honig, Fleisch, Brot, Käse, Eiern, Wurstwaren, Fisch und Geflügel ist alles erhältlich. Sämtliche regionalen Spezialitäten sind vertreten, von den Kasnudeln bis hin zum Kärntner Reindling (traditioneller Hefekuchen).

Doch der Markt bietet mehr als nur Lebensmittel: Blumen, Gewürze und traditionelles Handwerk ergänzen das bunte Spektrum. Inmitten des geschäftigen Treibens steht das Klagenfurter Marktrichterschwert, das Symbol für Ordnung und Freiheit des Markts. Wer genauer hinsieht, wird auch das Denkmal des „Steinernen Fischers" finden. Die Statue aus dem Jahr 1606 erzählt die Legende eines Fischers vom Wörthersee, der zu Stein wurde, als er auf die Richtigkeit seiner Waage schwor und betrog. Bis heute wartet er auf seine Erlösung.

TIPP

Köstliche Mittagsmenüs gibt es beim Marktwirt und im Zuagrast.

Der Markt zieht mittlerweile Menschen aus dem gesamten Alpe-Adria-Raum an. Viele Produzenten aus dem italienischen Friaul oder Sloweniens Grenzregion präsentieren stolz ihre kulinarischen Schätze. Der Einkauf ist für die Marktbesucher mehr als nur das Erfüllen der Grundbedürfnisse. Der Benediktinermarkt spiegelt die Seele der Stadt in all ihren Facetten wider. Menschen unterschiedlicher Herkunft und kultureller Tradition kommen hier zusammen, um die besondere Atmosphäre des Markts zu genießen. In den überdachten Hallen sind auch Gastronomiebetriebe untergebracht. Hier werden Mittagsmenüs und frische Köstlichkeiten angeboten. Samstags trifft man sich zwischen Haubenküche und Hausmannskost, um bei einem Glas Spritzer in netter Gesellschaft das Wochenende einzuläuten.

● Benediktinermarkt, Benediktinerplatz 1 (und Nebenstraßen), 9020 Klagenfurt am Wörthersee
www.klagenfurt.at/stadtinfo/maerkte
● ÖPNV: Haltestelle Benediktinerplatz

BIO-
PFEFFER-
RAHMKÄSE
BIO-
BOCKSHORN-
KLEEKÄSE
BIO KUH
CAMEMBERT
BIO ZIEGEN
CAMEMBERT

Sattgrüner Berg-See-Blick

21 Slow Trail Kitzelberg am Klopeiner See

Dem Alltag bei einer leichten Wanderung entfliehen, dabei Entschleunigung und Entspannung erleben – wunderbare Berg-See-Erlebnisse, die neue Perspektiven eröffnen. Dafür stehen die 20 Slow Trails in Kärnten. Das Markenlogo der Kärntner Slow Trails wurde durch das kraftvolle Maori Symbol Koru (ein sich öffnendes Farnkraut) inspiriert, das unter anderem für Leben in Harmonie, Ruhe, Frieden und Spiritualität sowie für den Neubeginn einer Lebensphase steht.
Der Slow Trail Kitzelberg beginnt an der Abzweigung der L 123 bei Seelach, wo sich ein Parkplatz auf dem Weg nach Steinberg befindet. Der Aufstieg auf den Kitzelberg erfolgt über eine Forststraße, die stetig bergauf führt. Der größte Teil des Wegs verläuft im angenehm kühlen Wald, was die Wanderung erleichtert. Der Blick kann währenddessen immer wieder weit über die Region Südkärnten schweifen. In der Ferne ringen der Hochobir und die Petzen um Aufmerksamkeit und konkurrieren mit dem tiefen, satten Blau des Sees. Eine charakteristische Aussichtsplattform, die als Markenbotschafter der Slow Trails erkennbar ist, ziert den 686 Meter hohen Gipfel, der zuvor lange ein Geheimtipp unter den Einheimischen war.
Der Klopeiner See liegt malerisch eingebettet in einem Panorama aus Bergen und fruchtbaren Tälern. Vom Aussichtspunkt aus offenbart sich die volle Schönheit dieser Region. Besucher genießen einen atemberaubenden Blick über das Jauntal, das von der mächtigen Drau durchzogen wird, bis hinunter zum Völkermarkter Stausee und die Ortschaft St. Kanzian. Der Höhepunkt ist zweifellos der unvergleichliche Blick über den gesamten Klopeiner See, der mit seinem karibikblau-türkisen Glanz besonders hervorsticht. Die idyllisch angelegten Badestege der Strandbäder lassen sich am besten von dieser Perspektive aus vollständig erfassen. Eine Belohnung nach dieser Wanderung kann ein Sprung in den See sein, der im Sommer bis zu 28 Grad warm wird. Um auf den Kitzelberg zu kommen, überwindet man in etwa 1,5 Stunden 3,5 Kilometer und knapp 250 Höhenmeter.

- Slow Trail Kitzelberg, Ausgangspunkt am Westufer, Abzweigung Westuferstraße, 9122 St. Kanzian am Klopeiner See
  www.suedkaernten.at/slow-trail-kitzelberg
- ÖPNV: Haltestelle Ortsmitte, ca. 1,2 Kilometer Fußweg

Genuss in alten Gemäuern

22 „Zommstehn beim Igor" im Ossiacher Hof

In den verborgenen Winkeln von Klagenfurt offenbart sich eine Schönheit, die zeitlos und zauberhaft zugleich erscheint. Hinter unscheinbaren Fassaden verstecken sich kleine Ruheoasen der Stadt in Form von malerischen Innenhöfen. Hier entfaltet sich eine Welt voller Geschichte und Lebendigkeit, welche die Seele der Stadt auf eine ganz besondere Weise widerspiegelt. Barockhöfe mit blumengeschmückten Galerien und Säulengängen, Laubenarchitektur und Steinbalkone mit kunstvollen Details, die sich über mehrere Etagen erstrecken, wollen entdeckt werden. Viele Klagenfurter Innenhöfe wurden in den vergangenen Jahrzehnten liebevoll revitalisiert und restauriert, um ihre ursprüngliche Pracht wiederherzustellen.

Ein besonderes Juwel befindet sich am Anfang der Wiener Gasse – der ältesten Fußgängerzone Österreichs. Im Ossiacher Hof, einem Gebäude aus dem Jahr 1627, haben sich Igor und seine Frau Anja mit dem „Zommstehn beim Igor" ihren Traum einer eigenen Genusswelt erfüllt. Auf 150 Quadratmetern fängt ihr Lokal die Atmosphäre der historischen Gemäuer perfekt ein. Hier wird man von einem Gefühl der Gastfreundschaft und Gemütlichkeit umarmt und tritt gemeinsam eine qualitativ hochwertige, kulinarische Reise durch den Alpe-Adria-Raum an. Die kleine, feine Speisekarte offenbart eine Auswahl an Gerichten, die mit frischen Zutaten und raffinierter Zubereitung begeistern. Im angeschlossenen Shop bereichern erlesene Weine, biologische Spezialitäten und eine vielfältige Auswahl an Produkten aus dem Alpe-Adria-Raum das Angebot.

Im Sommer bietet der wunderschöne Innenhof den perfekten Rahmen für die „Donnerszenen". Diese Veranstaltungsreihe an acht Donnerstagen im Sommer bietet nicht nur Zugang zu zahlreichen öffentlichen Innenhöfen, sondern gewährt auch Einblicke in einige private Höfe der Innenstadt. Konzerte, szenische Aufführungen und Lesungen finden im Rahmen dieser Reihe statt und laden die Besucher ein, die verborgenen Schätze dieser geheimnisvollen Orte zu genießen.

● Zommstehn beim Igor, Wiener Gasse 10, 9020 Klagenfurt am Wörthersee, Tel. +43 (6 64) 1 11 65 55, www.mittelkaernten.at/zommstehn

● ÖPNV: Haltestelle Heuplatz

Zum Arkadenhof
zommstehn
BEIM IGOR
EXCELSO
CAFÉ
DE
COLOMBIA
CAFÉS DO
BRASIL
150

Lichterglanz im Alpendorf

23 Der Mallnitzer Bergadvent

Inmitten der majestätischen Bergwelt der Nationalparkregion Hohe Tauern verwandelt sich Mallnitz an den Adventswochenenden in ein stimmungsvolles Adventdorf, in dem die Zeit stillzustehen scheint. Echtheit und Traditionen machen den Besuch zu einem festlichen Erlebnis, das die Herzen der Besucher mit seiner bezaubernden Atmosphäre erfüllt. Inmitten der verschneiten Winterlandschaft wird ein Ort der Freude und des Zusammenkommens geschaffen. In der heimeligen Almstube werden alte Weihnachtsgeschichten vorgelesen. Der wärmende Ofen und traditionelle Musik sorgen für eine zauberhafte Stimmung, in der die Herzen auf das bevorstehende Fest vorbereitet werden.

Für die kleinen Besucher ist dieser Bergadvent ein Abenteuerspielplatz voller aufregender Aktivitäten. Lamawanderungen, knifflige Rätselstationen, Rodeln auf dem Zauberteppich und der Christkindlexpress sorgen für leuchtende Kinderaugen. Die Winterlounge lädt zum Verweilen ein, um bei einem duftenden Punsch und warmen Maroni die magische Stimmung zu genießen. In der Alten Polizei vereinen sich Hightech und Nostalgie zu einer faszinierenden Modelleisenbahnanlage, in der Geschichte zum Leben erweckt wird.

Während die Kleinen in der Wichtelwerkstatt des Nationalpark-Besucherzentrums ihre kreativen Fähigkeiten entfalten, können sich die Großen von faszinierenden Ausstellungen über die Natur begeistern lassen. Der Adventmarkt am Dorfplatz verzaubert die Besucher mit seinem magischen Charme. In den urigen Holzhütten werden regionale Köstlichkeiten zubereitet und kunstvolles Handwerk verkauft. Der Höhepunkt dieses Adventabenteuers ist der malerische Lichterpfad entlang der Bachpromenade. Hier tauchen die Besucher in ein leuchtendes Winterzauberland ein, das den Alltagsstress verblassen lässt und die Vorfreude auf das stimmungsvolle Fest des Jahres in den Vordergrund rückt. Der Mallnitzer Bergadvent ist ein gelungenes Beispiel dafür, dass der Advent wieder die Magie von vergangenen Zeiten versprühen kann.

- Mallnitzer Bergadvent, an jedem Wochenende im Advent, 9822 Mallnitz
www.mallnitzerbergadvent.at
- ÖPNV: Haltestelle Mallnitz Ort oder Bahnhof Mallnitz-Obervellach

Willkommene Abkühlung

24 Auf dem Abenteuer Wasser Weg Liebenfels

Die Sommer in Kärnten können mit Hitze und Schwüle an manchen Tagen sehr heiß werden. Wenn das Thermometer auf 25 bis 30 Grad klettert, sehnen sich viele nach einer Flucht in die erfrischenden Seen oder in die kühlen Berge. Doch es gibt eine besonders erfrischende Wanderung, die Familien in eine Welt voller Abenteuer und wilder Natur entführt: der Abenteuer Wasser Weg bei Liebenfels. Entlang dieses Pfads warten gestaltete Skulpturen vom Künstler Andres Klimbacher darauf, in seiner Freiluftgalerie entdeckt zu werden. Auch geschnitzte Waldgeister ragen hinter Felsen und Bäumen hervor und begleiten die Wanderer mit jedem Schritt.
Die Schönheit des fallenden Wassers zu beobachten und die beruhigende Ausstrahlung der Natur spüren zu dürfen, ist nur ein Teil dieses beeindruckenden Naturerlebnisses. Über antike Mühlsteige und schwingende Hängebrücken führt der Weg tief in die Schlucht entlang des Harten Bachs. Hier gibt es eine Fülle an Leben – Tiere verstecken sich im Dickicht, Wasser plätschert mit ständig begleitender Melodie. Ruinen und Überreste alter Mühlen erzählen stumme Geschichten vergangener Zeiten.
Der Startpunkt der Wanderung befindet sich in dem kleinen Dorf Glantschach nördlich von Liebenfels, wo ein weitläufiger Parkplatz zur Verfügung steht. Die 7,5 Kilometer lange Strecke bietet verschiedene Einstiegs- und Ausstiegspunkte und kann flexibel in Etappen erkundet werden. Zusätzlich gibt es unterschiedliche Rückwegoptionen, wie über Pflausach, Sörg und Pulst. Ein Highlight des Wegs ist das Naturwunder des Sörger Wasserfalls mit einer imposanten Fallhöhe von 24 Metern. Nach diesem aufregenden Abenteuer wartet beim Esskulturwirt die Zechnerin die wohlverdiente Rast. Hier werden traditionelle Kärntner Spezialitäten in einem gemütlichen Ambiente serviert. Die großzügige Terrasse bietet einen atemberaubenden Ausblick über die gesamte Region, sodass man bei regionalen Schmankerln das Erlebte in Ruhe Revue passieren lassen kann.

● Abenteuer Wasser Weg Liebenfels, Ausgangspunkt am Parkplatz, Ottilienkogel 38, 9556 Glantschach
www.mittelkaernten.at/abenteuer-wasser-weg-liebenfels
● ÖPNV: Haltestelle Glantschach Ort

Eis, Eis, Baby!

25 Softeis Millonig in Techanting

„Zum Millonig auf a Eis" – so heißt's in einem Lied einer lokalen Oberkrainer Band. Die vier Musiker der Combo besingen in ihrem Hit von 2023 das Sommergefühl am Faaker See samt Jugenderinnerungen beim Millonig. Softeis Millonig war davor schon sehr bekannt, seit der Veröffentlichung des Songs wird die Eisdiele an heißen Sommertagen nun regelrecht gestürmt. Und der Ohrwurm wurde kurz nach Erscheinen zum viralen Hit. Eine Win-win-Situation für beide. Das Erfolgsrezept der Eisdiele ist simpel: Seit über 50 Jahren stellt Familie Millonig Softeis in hoher Qualität her. Der wunderschöne Gastgarten mit den schattigen Sitzplätzen und vielen Spielgelegenheiten für Kinder macht alle glücklich. Familien, die sich beim Spaziergang ein Eis gönnen, Radfahrer, die hier eine Pause einlegen, und besonders jene, die extra nur wegen des Softeisgenusses nach Techanting bei Gödersdorf kommen. Die verschiedenen Eissorten gibt es zum Mitnehmen in den Größen klein, mittel und groß – wahlweise im Becher oder in der Tüte. Verschiedene Eiskreationen können als Eisbecher direkt im Lokal genossen werden. Die Softeissorten variieren von Woche zu Woche. Das cremige Softeis ist ein unvergleichlicher Genuss, der den Gaumen mit seiner zarten Textur und dem reichhaltigen Geschmack verwöhnt. Die glatte, luftige Konsistenz schmilzt auf der Zunge und hinterlässt ein erfrischendes Glücksgefühl. Die vielfältigen, fruchtigen Aromen – gerne in Kombination mit Vanille – machen es zu einem beliebten Leckerbissen an warmen Tagen oder als süße Belohnung zu jeder Zeit.

Gemeinsam mit seiner Familie betreibt Karl Millonig seit über 30 Jahren den Gastronomiebetrieb, den er von seinem Vater übernommen hat. Während der Sommermonate hat das Team mit der Herstellung und dem Verkauf von Softeis alle Hände voll zu tun. In der Herbst- und Winterzeit wird es dann ein wenig ruhiger beim Millonig. Da gibt es statt Eis spezielle Thementage, wie etwa Burger-, Backhendl- oder Waffeltage.

- Softeis Millonig, Florianistraße 32, 9585 Gödersdorf, Tel. +43 (42 57) 20 11 www.softeis-millonig.at
- ÖPNV: Haltestelle Gasthof Zollner, ca. 550 Meter Fußweg

I SCREAM FOR
ICE CREAM!

Barockes Schatzhaus

26 Das Benediktinerstift St. Paul im Lavanttal

Erhaben thront das Benediktinerstift über dem südlichen Lavanttal. Seine Gemäuer gehen auf eine mittelalterliche Burg zurück. Im 17. Jahrhundert wurde durch Zubauten ein bezauberndes barockes Ensemble samt Stiftsgärten geschaffen. Äußerlich mag das Stift unscheinbar erscheinen, doch in seinen Räumlichkeiten entfaltet es seinen barocken Glanz. Es ist bekannt für seine prächtigen Kunstsammlungen, die ihm den wohlverdienten Beinamen „Schatzhaus Kärntens" verliehen haben. Hierzu zählen das Adelheidkreuz, einer der bedeutendsten Kunstschätze des Mittelalters, sowie die prunkvolle Bibliothek des Museums. Die etwa 70.000 Bücher bilden neben der Nationalbibliothek in Wien eine der bedeutendsten Büchersammlungen Österreichs. Das wertvollste Manuskript, der Ambrosiuskodex aus dem 5. Jahrhundert, gilt als das älteste Buch Österreichs. Auch das erste gedruckte Buch von Gutenberg aus dem Jahr 1450 kann hier bewundert werden. Jährlich werden die zahlreichen Schätze des Stifts in speziellen Ausstellungen präsentiert. In den Büchern der Stiftsbibliothek ruhen viele ungelöste Rätsel und Geheimnisse der Menschheit. Die Reise in die Vergangenheit wird durch diese Ausstellungen zu einem Kopfabenteuer, das neue Erkenntnisse, Perspektiven und längst vergessene Kulturen zum Leben erweckt. Die Geister zahlloser Generationen werden lebendig und lassen die Gegenwart an den Erkenntnissen der Vergangenheit teilhaben.

TIPP

Im Klosterladen Gin, Apfelsaft, Stiftswein und Destillate gustieren und als Mitbringsel mitnehmen.

Die barocken Stiftsgärten reflektieren die stetige Suche nach dem verlorenen Paradies. In dieser Ära wurden Gärten als gezähmte Landschaften angelegt, um das Streben nach Harmonie zwischen Lebewesen und der Natur auszudrücken. Die gesamte Anlage mit einem Café, den Terrassen und dem Kräutergarten lädt dazu ein, innezuhalten, und gewährt faszinierende Ausblicke auf die Klosteranlage. Hier werden die Meditation und das stille Lauschen auf die Stimme der Natur erlebbar, während Besucher sich Zeit nehmen, um die Schönheit zu genießen und sich an der Vielfalt von Blumen, Sträuchern und Pflanzen zu erfreuen.

- Benediktinerstift St. Paul, Hauptstraße 1, 9470 St. Paul im Lavanttal
www.stift-stpaul.at
- ÖPNV: Bahnhof St. Paul im Lavanttal, ca. 1 Kilometer Fußweg

Natur, die beste Apotheke

27 Der Kneipp Mirnock Panorama Rundweg

Neben der Heilkraft von Wasser und der Wirkung von Heilkräutern setzte sich Sebastian Kneipp intensiv mit den Faktoren rund um die Gesundheit des Menschen auseinander. Seine Fünf-Säulen-Philosophie vereint Wasser, Pflanzen, Bewegung, Ernährung und innerliche Balance als ganzheitlichen Ansatz für ein gesundes Leben. Im Fokus steht ein Leben im Einklang mit der Natur, Nachhaltigkeit und Achtsamkeit.
Der Rundweg durch die Kärntner Nockberge, vorbei an den Bergdörfern Gschriet und Glanz, greift diese Themen auf und bringt sie den Menschen näher. Dabei kommt man an liebevoll bewirtschafteten Bergbauernhöfen der Mirnockbauern vorbei, die seit Generationen ihre Traditionen bewahren. Entlang des Wegs finden sich Handbecken und Wassertretbecken, begleitet von Erläuterungen zur richtigen Anwendung des Wassers, Anleitungen für Dehnungsübungen, Ratschläge für ein gesundes Leben sowie Beschreibungen der umgebenden Pflanzenwelt. Immer wieder bieten Rastplätze entlang des Wegs atemberaubende Panoramablicke auf den Millstätter See und die herrliche Berglandschaft Kärntens.
Der Ausgangspunkt dieser Wanderung kann Renates Einkehr sein, ein Ort der Ruhe und Kraft auf 1240 Metern Seehöhe. Umgeben von der Natur gibt es hier Kraftplätze direkt an einer Ley-Linie, die vom Großglockner über den Mirnock bis zum Hochobir verläuft. Diese natürlichen Energielinien, von Josef Georg in den 1990er-Jahren erforscht, haben eine positive Wirkung auf das Wohlbefinden der Menschen. Es wurde festgestellt, dass dort, wo Ley-Linien existieren, eine gesteigerte Lebensenergie zu spüren ist. Der Kneipp-Panoramaweg eröffnet den Menschen diese kraftvollen Zonen. Insbesondere Menschen mit hoher Stressbelastung finden Inspiration und innere Ruhe inmitten der Natur.
Stärkung nach der Wanderung gibt es am Leckereienautomat bei Renates Einkehr mit erfrischenden Getränken sowie Kuchen, Keksen und anderen Köstlichkeiten, um die Sinne zu verwöhnen und die erlebte Naturverbundenheit noch zu vertiefen.

TIPP

Sieben Yoga-/Achtsamkeitsplätze entlang des Rundwegs laden zum Fokussieren und Praktizieren ein.

● Kneipp Mirnock Panorama Rundweg, Ausgangspunkt an Renates Einkehr, Gschriet 13, 9702 Ferndorf
www.kneipp-mirnock.at/aktivitaeten/kneipp-mirnock

Töpferkunst für die Seele

28 Die Villa Lotta Wohnboutique bei Klagenfurt

Die Villa Lotta ist ein ganz besonderer Ort, der vor allem Frauen ein Lächeln ins Gesicht zaubert. Natürlich sind auch Männer herzlich willkommen, doch sie verirren sich selten in das kleine Anwesen im Südosten von Klagenfurt. Hier findet jeder, der auf der Suche nach einzigartigen Geschenken ist oder sich und anderen eine Freude machen möchte, das Passende.

Errichtet im Jahr 1908 und von Lisa liebevoll restauriert, strahlt die Villa Lotta einen unvergleichlichen Charme aus. Die Einrichtung der Wohnboutique erinnert mit ihrem Stil an ein Ferienhäuschen in Skandinavien. Jedes Detail ist wohlüberlegt platziert und alles stilvoll dekoriert: vom einladenden Garten, dem angrenzenden Stall, wo getöpfert wird, bis zur Wohnboutique im Erdgeschoss. Im Sommer kann das Obergeschoss als Bed and Breakfast gemietet werden. Lisa verkauft handgefertigte Tonwaren, darunter Wohnaccessoires, Geschirr und viele andere schöne Dinge. Ihr Sortiment ermöglicht es, das eigene Zuhause liebevoll und ohne Kitsch zu gestalten. Lisa produziert nicht nur auf Vorrat, sondern fertigt auch individuelle Stücke nach den Wünschen der Kunden an. Jedes Teil ist ein Einzelstück, von Hand designt, im Ofen gebrannt und glasiert. Selbst lokale Gastronomiebetriebe schätzen mittlerweile ihre einzigartigen Kreationen und zählen zu Lisas Stammkunden.

Das Töpfern, eine der ältesten Handwerkstechniken der Welt, bietet nicht nur die Möglichkeit, kreativ zu sein, sondern erdet und beruhigt auch den Geist. Lisa bietet Töpferkurse an, in denen man vom Profi lernen und das Glücksgefühl der Kreativität selbst erfahren darf. Die Hände im Ton sorgen dafür, dass das Smartphone eine Pause bekommt und sich der Geist dafür frei entfalten kann. Die Wohnboutique ist unter der Woche immer nachmittags geöffnet.

● Villa Lotta Wohnboutique, Ebentaler Straße 232,
9020 Klagenfurt am Wörthersee, Tel. +43 (6 64) 5 35 98 24
● ÖPNV: Haltestelle Auenweg

ALL
YOU
NEED
IS
LOVE
ANDBUILT
wohl
irgendwas
ist halt
immer
schön
Delicious
Places
gestalten
SALT
75

Hochalpiner Weinberg

29 Wanderung zum Weingut GrafenBERGERin

Inmitten eines üppigen Weinbergs zu stehen, den Blick über satte grüne Weinreben schweifen zu lassen und die ästhetische Schönheit der Natur zu genießen, ist für viele ein wahrer Glücksmoment. Dieses entspannende Erlebnis, kombiniert mit der Verkostung erstklassiger Weine und einer köstlichen Jause, erwartet einen im Kärntner Mölltal. Der höchstgelegene Weinberg Kärntens erfordert keine Autoanreise, sondern wird zu Fuß erobert – im Rahmen einer Weinbergwanderung unter der Leitung von Bergwanderführerin Sylvia Granitzer. Mehrmals im Sommer und im Herbst bietet sie dieses unvergessliche Naturerlebnis an. Es ist eine Erfahrung für die Sinne und die Seele gleichermaßen.

Die Weinbergwanderung beginnt im Ortskern von Außerfragant und führt über alte Wanderpfade und durch malerische Hohlwege zum Weinberg. Dabei teilt Sylvia mit ihren Gästen faszinierende Geschichten und alte Kärntner Sagen sowie ihr umfangreiches Wissen über die Geologie, Fauna und Flora der Region. Die Wanderung ist entspannend und entschleunigend, und nach weniger als 1 Stunde erreicht man den Weinberg. Hier werden zwischen den Rebstöcken einige der erlesenen Weine verkostet. Sylvia serviert dazu hausgemachte Aufstriche aus eigener Produktion und köstliches Brot von einer nahe gelegenen Bäckerei.

TIPP

Die Wanderung endet im Weinkeller von Ernestine, wo auch Wein gekauft werden kann.

Winzerin Ernestine Berger, die auf 880 Metern über dem Meeresspiegel den höchsten Wein Kärntens kultiviert, ist mit ganz viel Herzblut dabei. Kärnten mag nicht als typische Weinregion gelten und im sehr gebirgigen, hochalpinen Mölltal erwartet man eigentlich keine Weinberge. Inzwischen hat sie den Weinanbau hier jedoch hervorragend entwickelt. Ernestine Berger nutzt ein einzigartiges Mikroklima am Fuße des Grafenbergs. Zwischen schroffen Gipfeln des Nationalparks Hohe Tauern und auf dem hier typischen Schiefergestein gedeihen Rebsorten wie Zweigelt, Roesler, Regent, Merlot, Solaris und Cabernet Blanc. Sie produziert fruchtige, gehaltvolle und elegante Weine, die bereits mehrfach ausgezeichnet wurden.

- Weinbergwanderung zum Weingut GrafenBERGERin, Ausgangspunkt im Ortskern von Außerfragant, 9831 Flattach
  www.grafenbergerin.at/weinbergwanderung
- ÖPNV: Haltestelle Außerfragant Hotel Fraganter Wirt

Berghex mit Italienflair

30

Skifahren am Nassfeld

Besonders wenn die Tage wieder länger und die Sonnenstrahlen wärmer werden, erreicht das Skivergnügen am Nassfeld seinen Höhepunkt. Wer Schnee und trotzdem südliches Lebensgefühl sucht, ist am Nassfeld genau richtig! Denn in Kärntens größtem Skigebiet, direkt an der Grenze zu Italien gelegen, ist die Sonne ein treuer Begleiter. Pro Winter zählt man hier bis zu 850 Sonnenstunden.

Mit dem Millennium-Express gelangen die Skifahrer von Tröpolach ins Herz des Skigebiets. Hier, auf fast 2000 Metern, begrüßt die Skifahrer ein unvergleichliches Bergpanorama: Die Karnischen und Julischen Alpen im Süden und die Hohen Tauern im Norden sind zum Greifen nahe. Mit 30 Liften, darunter fünf Gondeln und einigen Sesselliften, bietet das Nassfeld eine beeindruckende Infrastruktur. Auf insgesamt 110 Pistenkilometern, darunter leichte bis schwere Abfahrten, findet jeder Skifahrer die passende Herausforderung. Snowparks und gemütliche Hütten runden den Pistenspaß ab.

Die Schirmbar Zur Berghex bietet nicht nur den besten Ausblick in Richtung Italien, sondern auch Après-Ski-Spaß mit Bergpanorama-Kino. Hier, wo die Kärntner Gemütlichkeit auf italienisches Lebensgefühl trifft, darf der Genuss von italienischen Spezialitäten nicht fehlen. Die Pizzeria Kabrio, direkt an der italienischen Grenze gelegen, lädt zu einer genussvollen Einkehr mit Italienflair ein. Familie Fedrigo, eine Institution am Nassfeld, serviert köstliche Pizza, Pasta und Calamari – Glück, das hier direkt auf dem Teller landet.

Die authentische Atmosphäre ist ein Garant für einen unvergesslichen Wintertag am Nassfeld. Der perfekte Skitag endet mit Bezwingen der 7,6 Kilometer langen Talabfahrt Carnia, während am Berg die Sonne dann meistens noch weiter strahlt. Übrigens: Auch Skitouren und idyllische Schneeschuhwanderungen sind im Winter auf dem Nassfeld möglich. Im Sommer verwandelt sich das Nassfeld in ein weitläufiges Wandergebiet mit Attraktionen für Familien, wie der Sommerrodelbahn und einem Erlebnisrundweg.

TIPP

Alle Restaurants über der Grenze lohnen sich für einen kulinarischen Ausflug nach Italien.

- Skigebiet Nassfeld, Anfahrt mit dem Millennium-Express, Tröpolach 150 (Talstation), 9631 Tröpolach, www.nassfeld.at
- ÖPNV: Haltestelle Millennium-Express (www.nassfeld.at/skibus)

ITA
AUT
Nassfeld

Kräuter für die Seele

31 Fischers Hofladen und Landapotheke

Schon Hildegard von Bingen wusste, dass in der Natur das Geheimnis gegen jedes Wehwehchen liegt. Ein Gedanke, der auch für Landwirtin und Kräuterpädagogin Brigitte Fischer gilt. Der Fischerhof, am Sternberg hoch über Velden am Wörthersee gelegen, besteht bereits seit dem 13. Jahrhundert. Einst von Ackerbau und Viehzucht geprägt, wurde im Jahr 1995 auf die Direktvermarktung von Obst- und Kräuterprodukten umgestellt, denn das ist die große Leidenschaft von Brigitte. Sie hat sich auf den Anbau und die Veredelung von Beerenobst und Kräutern spezialisiert. Die Früchte werden zu Edelbränden, Likören, Gin, Sirup oder Kräutersalzen verarbeitet. Die „Scharfe Birne“ und die „Heiße Liebe“ sind nur einige der kreativen Kreationen, die in Gläser abgefüllt werden. Jedes Glas zeugt von ihrer Hingabe, die sie in die Herstellung der Produkte legt.

TIPP
Ginliebhaber müssen unbedingt einen prämierten Starmountain Gin kaufen.

Das Herz des Hofs ist die Landapotheke, ein Schatz an selbst gezogenen oder gesammelten Kräutern, die in Salben, Tinkturen und Kräuterbitter verwandelt werden. Brigitte ist davon überzeugt, dass die Natur im Jahreskreislauf den Menschen alles bietet, was dem Körper zum Wohlbefinden oder der Heilung dient. Wer achtsam mit ihren Gaben umgeht, findet darin stets Antworten und Lösungen. Brigittes Spezialitäten sind der Schwedenbitter nach Maria Treben, der Galgant-Kräuteransatz (zur Verwendung bei Grippesymptomen) oder die Tinktur aus Johanniskraut. Wenige Tropfen wirken schon stimmungsaufhellend und schlaffördernd – wie ein Licht, das ins Herz und die Seele dringt.
Die nächste Generation auf dem Fischerhof, repräsentiert durch Tochter Lisa mit ihrem Partner, unterstützt Brigitte tatkräftig dabei, um eine Fülle an Produkten im Hofladen präsentieren zu können. Jedes Produkt in liebevoller Verpackung – hier ruht die Natur in einem Einkaufserlebnis. Im Hofladen werden nicht nur Produkte für den täglichen Bedarf wie Marmeladen oder Salze gekauft. Man erwirbt Schätze für die Seele, für die Gesundheit und für das Wohlbefinden.

● Fischerhof – Brigitte Fischer, Watzenigweg 1 a, 9220 Velden am Wörthersee, Tel. +43 (6 50) 4 45 55 68

Gold
memo
Wer Schnaps trinkt,
betet.
Wer Schnaps säuft,
sündigt.
Lasset uns beten!

Im Moment sein dürfen

32 Die Hoffnungskirche in Naggl

Auf der Schattenseite des Weißensees, dem unberührten Südufer, gehen die Uhren einen Tick langsamer. Das Ufer von Naggl bis zur Ostbucht des Sees ist komplett naturbelassen und unverbaut. Hier vereinnahmt einen die Schönheit der unberührten Natur mit ihren wechselnden Jahreszeiten. Ein unscheinbarer Weg führt über die Wiese vom Hotel Nagglerhof hinauf zum Waldrand. Der Anstieg ist kurz, aber dennoch fordert er ein wenig körperliche Anstrengung. Oben angekommen, breitet sich eine gewaltige Aussicht aus, die einen den Moment genießen und zur Ruhe kommen lässt. Die blauen Farben des Wassers begleiten die tänzelnden Reflexionen des Lichts, das durch die farbenfrohen Spiele das Blätterdach der Bäume bricht. Einzig das fröhliche Zwitschern der Vögel und das zarte Zirpen der Grillen hört man in der Stille.

TIPP

15 Minuten Fußweg von der Hoffnungskirche entfernt liegt die Alte Mühle, die noch funktionsfähig ist.

Die Hoffnungskirche im Garten der Begegnung ist ein ganz besonderer Platz am Waldrand, eine Freiluftkirche, offen für alle, gleich welcher Religion oder Überzeugung. Sie ehrt Jesus Christus, der in der Hoffnungskirche auf seinem Grabstein steht und mit der linken Hand das Göttliche, mit den Füßen das Irdische empfängt. Er vereint beides im Geist und schenkt über seine Lippen und die rechte Hand die Hoffnung und die Liebe, so sein Schöpfer und Stifter Hans Zöhrer. Die Nutzung der Hoffnungskirche für Feiern und Veranstaltungen erfolgt auf Spendenbasis.

Die Spenden kommen dem Verein zur Erhaltung und Pflege der Hoffnungskirche und des Gartens der Begegnung zugute. Damit sich der Ort selbst aus seiner eigenen Energie heraus entfalten kann.

Dieser kraftspendende Ort ist ein wahrer Segen, der sich perfekt dazu eignet, sich zurückzulehnen, das süße Nichtstun zu genießen oder auch laut zu denken. Liebevolle Details unterstreichen die Besonderheit dieses Platzes. Die Bänke offenbaren den Besuchern eine erhabene Aussicht über den See und laden zum Verweilen ein, für einen Moment innezuhalten und sich in die fesselnde Schönheit dieser Umgebung zu vertiefen.

- Hoffnungskirche am Weißensee, 9762 Naggl
- ÖPNV: Haltestelle Chalets Zöhrer (www.naturparkshuttle.com)

Im Vogelparadies

33

Über den Slow Trail durch das Bleistätter Moor

Wenn sich Sonnenstrahlen wie ein goldener Mantel über das Bleistätter Moor legen, erstrahlt die Pflanzenwelt in einem Farbenspiel aus grünen Nuancen mit goldenen Reflexen. Malerisch zwischen dem Ostufer des Ossiacher Sees und der Tiebelmündung gelegen, ist das Moor eine natürliche Oase von bemerkenswerter Schönheit und ökologischer Bedeutung. Über eine Fläche von etwa 30 Hektar erstreckt sich das Naturjuwel mit einer üppigen Vegetation als wichtiger Rückzugsort für die Tier- und Pflanzenwelt.

Seltene Orchideen, Wasserpflanzen und Schilfrohre spiegeln sich in den ruhigen Wasseroberflächen und die Farbenpracht der Flora steht im Hochsommer in ihrer Hochblüte und verzaubert die Sinne. Sie bildet wunderschöne Farbtupfer in diesem Gemälde, das von der Natur geschaffen wurde. Dieser Ort ist ein Paradies für Botaniker und Naturliebhaber, die hier die Vielfalt der heimischen Pflanzenwelt bewundern können. Das Moor ist auch ein Lebensraum für zahlreiche Vögel und andere Tiere. Wasservögel wie Teichrohrsänger und Schilfrohrsänger nisten in den Schilfbeständen, während Libellen und Amphibien die Feuchtgebiete beleben. Es ist ein Refugium für die Tierwelt, die es zu schützen gilt.

TIPP

Der Slow Trail ist barrierefrei.

Das Bleistätter Moor ist ein Naturschatz, ein Ort der Ruhe und Inspiration. Ein Besuch dieses Orts ist eine Einladung, die Schönheit und die Bedeutung unserer Natur zu schätzen und zu bewahren. Das Moor beeindruckt seine Besucher mit einer faszinierenden Stille und lädt immer wieder zum Staunen ein. Bei einem Spaziergang auf dem Slow Trail kann die Natur in ihrer reinsten Form erlebt werden, Alltagsgedanken und Sorgen rücken in weite Ferne. Beim stillen Zauber der Natur kann man neue Kraft und Inspiration für die täglichen Aufgaben sammeln.

- Slow Trail Bleistätter Moor, Ausgangspunkt am Uferweg 31, 9552 Steindorf am Ossiacher See www.visitvillach.at/de/slow-trails.html
- ÖPNV: Bahnhof Steindorf/Ossiacher See, ca. 700 Meter Fußweg

Slow-Food-Almjause

34

Die Steineckenalm am Brot- und Morendenweg

Die Reise vom Kärntner Zentralraum ins Lesachtal ist ein außergewöhnliches Erlebnis. Die kurvenreiche Strecke, die manchen Flachlandbewohner herausfordert, ist für die Einheimischen ein tägliches Abenteuer, besonders wenn Schneefälle oder Lawinen die Straßen im Winter für Tage blockieren. Jeder Kilometer lässt die Hektik des Alltags schwinden und erlaubt es, sich an das ruhigere Tempo anzupassen, das einen in Niedergail bei Liesing erwartet. Es ist ein Moment des Ankommens, des Eintauchens in eine Welt, die eine Verbindung zu Land, Leuten und vor allem zur regionalen Küche schafft. Hier in der ersten etablierten Slow Food Travel Destination Kärntens sind besondere kulinarische Genussmomente erlebbar. Wer das Tempo verlangsamt, kann intensiver genießen. Das Unbekannte oder Vergessene tritt plötzlich in den Fokus, der sonst in der Hektik des Alltags verschwindet. Jene, die den Weg zu den Wurzeln des authentischen Geschmacks suchen, reisen und genießen bewusster.

TIPP
Täglich frisches Lesachtaler Brot gibt es im Bauernladen in Maria Luggau.

Der Begriff „Morende“ stammt aus dem Italienischen und bedeutet so viel wie Brotzeit oder Jause. Es ist naheliegend, dass dieser Ausdruck seinen Weg in den Lesachtaler Wortschatz fand, da Italien nur einen Steinwurf hinter dem Karnischen Hauptkamm entfernt liegt, der die Grenze markiert. „Geamo Morenden!“ war seit jeher im Lesachtal zu hören, als Bauernfamilien sich versammelten, um ihre traditionellen, hausgemachten Speisen zu genießen. Heutzutage kann man diese ursprünglichen Produkte entlang des Brot- und Morendenwegs kosten, ein kulinarischer Rundweg, der von Niedergail aus gestartet werden kann.

Die Steineckenalm ist ein bedeutender Halt auf diesem Genussweg. Die Strecke dorthin führt durch herrliche Waldstücke und entlang plätschernder Gebirgsbäche. Bei der Steineckenalm angekommen, gilt es mit allen Sinnen das zu genießen, was die Wirtin und ihre Mitarbeiter an *Brettljausen* und regionalen Köstlichkeiten servieren. Besonders das zum Weltkulturerbe zählende Lesachtaler Brot ist ein Fest für den Gaumen.

● Jausenstation Steineckenalm, Ausgangspunkt des Brot- und Morendenwegs an der Kultur- und Freizeitanlage in Klebas, Klebas 30, 9653 Liesing
www.lesachtal.com/de/Culinary-World/Kulinarik-erleben

Ein Hauch von Nostalgie

35 Technik anno dazumal im HISTORAMA Ferlach

Direkt in der Welthauptstadt der Büchsenmacher und neben den ehrwürdigen Hallen des größten Waffenproduzenten der Welt offenbart sich ein wahres Juwel: Österreichs größtes privates Technik- und Verkehrsmuseum, das in ehemaligen Produktionsstätten einen Schatz an nostalgischen Erinnerungen hütet. Die Reise beginnt ganz stilecht in einem Nostalgiezug. Die kurze Fahrt von Weizelsdorf nach Ferlach führt durch malerische Landschaften mit Kornfeldern, Wiesen und Waldstücken. Es ist eine Reise in eine Zeit, in der die Welt noch etwas gemächlicher war. Der Weg vom Bahnhof zum HISTORAMA wird mit einem Oldtimerbus zurückgelegt, der wie ein rollendes Relikt vergangener Zeiten durch die Straßen von Ferlach ruckelt. Die Fahrt ist nicht nur eine bloße Fortbewegung, sondern eine Reise in die Vergangenheit.

TIPP

Mit der Kärnten Card sind die Anreise mit der Nostalgiebahn und der Eintritt ins Museum kostenlos.

Das HISTORAMA überrascht mit seiner faszinierenden Vielfalt. Hier reiht sich ein Schatz an Fahrzeugen und technischen Errungenschaften aus den Bereichen öffentlicher Verkehr, Einsatzfahrzeuge, Mobilität und Schiffsbau aneinander. Jedes Exponat erzählt seine eigene Geschichte, von vergangenen Zeiten und technologischen Fortschritten, die unsere Welt geprägt haben. Mehr als 100 historische Vehikel sind ausgestellt, alle wurden liebevoll restauriert und auf Hochglanz poliert. Nicht nur die technischen Schätze begeistern die Besucher, sondern auch die Atmosphäre im Museum selbst. Bei einem gemütlichen Kaffee kann man ganz im Moment verweilen, während der Kinderspielbereich die jüngsten Entdecker dazu animiert, spielerisch in die Welt der Technik einzutauchen.

Das HISTORAMA in Ferlach ist eine Zeitreise und Hommage an die technologischen Meisterleistungen vergangener Tage, eingebettet in eine äußerst ansprechende Kulisse. Hier verschmelzen Geschichte und Gegenwart zu einem unvergesslichen Erlebnis für die ganze Familie. Die Augen der großen und kleinen Entdecker leuchten, wenn sich die Modelleisenbahn in Bewegung setzt oder es möglich ist, selbst einmal Lokführer zu sein.

● HISTORAMA, Auengasse 28, 9170 Ferlach, Tel. +43 (6 64) 5 30 19 33
www.nostalgiebahn.at/historama.html

Der Klagenfurter Hausberg

36

Unterwegs am Kreuzbergl

Das Kreuzbergl in Klagenfurt ist nicht nur die nobelste Wohngegend der Stadt, sondern auch ein Naherholungsgebiet, das als Stadtwald von Klagenfurt bekannt ist. Die Buchenwälder eignen sich perfekt dazu, dem hektischen Alltag zu entfliehen und neue Kraft zu schöpfen. Dieses idyllische Fleckchen Natur bietet eine wohltuende Draußenzeit, die Körper und Seele gleichermaßen beruhigt. Das markante Wahrzeichen des Kreuzbergls ist die Kreuzberglkirche, die auf einer Anhöhe thront und Besuchern eine atemberaubende Aussicht über Klagenfurt und die umliegende Landschaft bietet. Der Spaziergang hinauf zur Kirche führt an den beeindruckenden Kreuzwegstationen mit kunstvollen Mosaikdarstellungen von Karl Bauer vorbei. Jede Station enthält neben der christlichen Bedeutung auch eine Widmung für die Kriegsopfer. Die Kunstwerke verleihen dem Ort eine spirituelle Note und ermutigen die Besucher zur inneren Einkehr.

TIPP

Köstliche Pizza gibt es beim Fischerwirt conamore am unteren Kreuzberglteich.

Die Sternwarte ist eines der Highlights auf dem Kreuzbergl. Sie bietet Astronomie-Enthusiasten die Möglichkeit, den Sternenhimmel zu beobachten und mehr über die faszinierenden Geheimnisse des Universums zu erfahren. Ein weiteres interessantes Relikt auf dem Kreuzbergl ist der Luftschutzbunker, ein Überbleibsel aus den Zeiten des Zweiten Weltkriegs. Dieser Lost Place erinnert an die bewegte Geschichte der Region und vermittelt einen Eindruck von den Herausforderungen, die die Menschen während dieser Zeit bewältigen mussten.
Die drei idyllischen Kreuzberglteiche, die von Spazierwegen umgeben sind, bieten die Möglichkeit, die Natur und den Lauf der Jahreszeiten in vollen Zügen zu genießen. Die idyllischen Teiche sind ein beliebtes Ziel für Naturfreunde, Läufer und Erholungsuchende. Die große Kreuzberglwiese ist ein beliebter Treffpunkt für Familien und Freunde zum Picknicken und Spielen. Ob man die Stille der Kreuzberglkirche bevorzugt oder einfach nur gerne Zeit in der Natur verbringt, das Kreuzbergl ist ein ganz besonderer Kraftort in Klagenfurt.

● Kreuzbergl mit Kreuzberglkirche und Kreuzwegstationen, Giordano-Bruno-Weg, 9020 Klagenfurt am Wörthersee
● ÖPNV: Haltestelle Kreuzbergl, ca. 650 Meter Fußweg

Sommer am Wörthersee

37 Freier Seezugang beim Freibad Sallach

Ab Mai erwacht der mondäne Wörthersee, Kärntens größter See, aus seinem Winterschlaf und läutet die Sommersaison ein. Die Strandbäder öffnen ihre Pforten, denn das Thermometer im südlichsten Bundesland Österreichs klettert manchmal bereits auf sommerliche 25 Grad. Der Metnitzstrand, gelegen in der Ostbucht des Sees, fungiert als „der" Hausstrand der Klagenfurter – seit Generationen Treffpunkt für entspannte Stunden, Eisgenuss und gesellige Plaudereien. An den heißen Sommerwochenenden strömen Einheimische und Gäste gleichermaßen zum See, verwandeln das Strandbad in einen lebhaften Ort voller Trubel. Die Jungen und Junggebliebenen recken sich auf den Bootsbrücken der Sonne entgegen, während diejenigen, die es gediegener mögen, sich auf den Liegeflächen zwischen den kleinen weißen Badehütten niederlassen. Beliebte Strandbäder rund um den Wörthersee sind das Parkbad in Krumpendorf, das Strandbad Loretto und das Strandbad Reifnitz.

Doch nicht nur in den offiziellen Badeanstalten lässt sich die Sommerfrische genießen. Entlang des Sees gibt es auch einige abgelegene Seezugänge, die weit weg vom Trubel Regeneration versprechen – echte Geheimtipps für Ruhesuchende. Dazu zählt das idyllische Freibad Sallach in der Pritschitzer Bucht bei Pörtschach. Dieser und alle anderen freien Seezugänge rund um den See sind auch ideal für Radfahrer, die während ihrer Tour eine erfrischende Abkühlung im klaren Wasser suchen.

TIPP
Weitere freie Seezugänge: Freibad Pritschitz, der Kurpark in Krumpendorf oder die Liane in Reifnitz.

Im Freibad Sallach lockt eine weitläufige Liegewiese zum gemütlichen Verweilen, während einige Schatten spendende Bäume Erholung bieten. Ein kleiner Steg führt direkt ins erfrischende Nass und bietet zudem einen fabelhaften Ausblick auf den Turm am Pyramidenkogel. An der Seeuferstraße lädt ein kleiner Kiosk zu kühlenden Erfrischungen und Snacks ein, während ausreichend Parkplätze für Autos und Fahrräder zur Verfügung stehen. Hier lässt sich ein Badetag entspannt genießen, und ein Sprung in den türkisblauen See führt zur perfekten Glückseligkeit.

● Freibad Sallach, Seeuferstraße, 9210 Pörtschach am Wörthersee
● ÖPNV: Bahnhof Pritschitz

Blumenpracht im Park

38 Stimmungsvoll im Café Schloss Rosegg

Das Schloss Rosegg im Rosental wurde 1772 von Fürst Orsini-Rosenberg für seine italienische Geliebte Madame Lucrezia erbaut. Das architektonische Design des Schlosses erinnert stark an eine italienische Villa. Der Schlossherr verbrachte einige Jahre in Italien und wollte mit diesem prachtvollen Sommersitz im Herzen von Kärnten ein Stück italienisches Flair in die Region bringen. Viele Möbelstücke und Ausstattungselemente stammen noch aus dieser historischen Zeit. Seit 1831 befindet sich das Schloss Rosegg im Besitz der Familie von und zu Liechtenstein, die es für einen ihrer Söhne erworben hat.

Das Herzstück des Schlosses Rosegg ist das Café, das sich in den historischen Gemäuern befindet. Es strahlt eine einzigartige Atmosphäre aus und bietet den Besuchern die Gelegenheit, in einem außergewöhnlichen Ambiente Kaffee, hausgemachte Kuchen, Torten und Gebäck zu genießen. Die Auswahl an kulinarischen Köstlichkeiten umfasst zudem herzhafte Snacks und leichte Gerichte. Die elegante Einrichtung des Cafés spiegelt den Glanz vergangener Zeiten wider und lädt die Gäste ein, inmitten kunstvoller Details zu entschleunigen. Die herzliche Bedienung trägt dazu bei, dass sich die Gäste rundum wohlfühlen und der Besuch im Café unvergessen bleibt.

TIPP
Zum Schloss gehört auch eines der größten Gartenlabyrinthe Österreichs.

Das Schloss bietet zudem den perfekten Rahmen für Sommerveranstaltungen wie Konzerte, Theateraufführungen und romantische Trauungen, wobei die großzügige Schlossterrasse dabei stets im Mittelpunkt steht. Im Sommer blühen die Rabatten rund um die Terrasse üppig in allen Farben und besonders die Rosen verzaubern die Besucher mit ihrer Farbenpracht und einem betörenden Duft. Der Blick von der Terrasse auf die Karawanken ist einzigartig.

Das Café im Schloss Rosegg ist ein zauberhafter Rückzugsort, der Geschichte, Genuss und Gastfreundschaft miteinander vereint. Es ist ein Kleinod, in dem man die Schönheit der Natur und die romantische Architektur des Schlosses bewundern kann, während man seine Sinne mit kulinarischen Köstlichkeiten verwöhnt.

- Café Schloss Rosegg, Schloss Rosegg 1, 9232 Rosegg, Tel. +43 (42 74) 30 09
www.rosegg.at/schloss-rosegg-kaernten
- ÖPNV: Haltestelle Rosegg Ort, ca. 700 Meter Fußweg

Juwel in den Bergen

39 Am Wolayersee in den Karnischen Alpen

Hoch oben über den Dörfern im Lesachtal liegt der Wolayersee in Abgeschiedenheit und ruhiger Gelassenheit. Denjenigen, die sich auf die mehrstündige Wanderung zum Hochplateau und ans Ufer des Wolayersees begeben, eröffnen sich einzigartige Eindrücke rund um dieses verborgene Juwel. Eingebettet in die karge, markante Bergwelt der Karnischen Alpen, bildet der Wolayersee das Herzstück eines Naturschutzgebiets. In seinem türkisblauen Wasser spiegeln sich majestätisch die Gipfel der Hohen Warte, der Seewarte und des imposanten Seekopfs. Nur mutige Wanderer wagen nach dem Aufstieg ein erfrischendes Bad im See, der trotz heißer Temperaturen im Sommer maximal 17 Grad warm wird.

Der See wird nicht durch eine Quelle gespeist, sondern entsteht allein durch Oberflächenwasser wie Regen und Schmelzwasser. Viele Wanderer erfreuen sich an der Schönheit des Sees, während sie auf der Terrasse der Wolayerseehütte ein erfrischendes Getränk und die Sonnenstrahlen genießen. Nur die lauten Pfiffe von Murmeltieren durchdringen ab und zu die Stille am Berg.

Der Wolayersee ist eine beliebte Station des weitläufigen Karnischen Höhenwegs, einem bekannten Weitwanderweg, der von Sillian in Osttirol bis nach Thörl-Maglern führt. Die Grenze zu Italien liegt unmittelbar hinter der alten Zollhütte am Südufer des Sees. Hier oben gibt es weder Internet- noch Handyempfang, was durchaus angenehm sein kann, wenn man sich auf den Weg macht, um Antworten auf die offenen Fragen im Leben in der Natur zu finden. So mancher sucht und findet hier Ruhe, kann loslassen und frische Kraft sammeln. Auf solchen Wanderungen lernen die Menschen wieder, miteinander zu kommunizieren, zu spielen und zu lachen.

Der Wolayersee ist ein Paradies für Wanderer, Mountainbiker und Alpinisten, aber auch für jene, die Interesse an Geologie, Botanik und Geschichte haben. Hier, hoch oben in den Bergen, findet jeder etwas, das sein Herz höherschlagen lässt.

TIPP

Unbedingt den köstlichen Kaiserschmarrn oder andere Süßspeisen in der Wolayerseehütte probieren.

- Wolayersee mit Wolayerseehütte (Schutzhütte des Alpenvereins Austria), 9652 Birnbaum, Tel. +43 (7 20) 34 61 41 www.wolayerseehuette-lesachtal.at

360-Grad-Bergpanorama

40 Traumbogen-Höhenrundweg auf der Gerlitzen

Gehen auf der Höhe tut einfach gut. Es stärkt Schritt für Schritt das Herz-Kreislauf-System. Spazieren und Wandern ohne große Anstrengung zwischen 1500 und 2000 Metern Seehöhe wirkt sich nachweislich positiv auf den Blutdruck, die Blutgefäße und den Cholesterinspiegel aus und bringt nebenbei den Körper in Form. Der Traumbogen-Höhenrundweg ist eine leichte Wanderung für Körper, Geist und Seele auf 1750 Metern rund um den Gerlitzengipfel mit Startpunkt am Gipfelhaus in Richtung Norden.

Entlang des Wegs haben Künstler Orte der Besinnung und Kraftquellen geschaffen. Die Himmelsspirale, die Sternwarte, die Jakobsleiter, der Gruß an Tibet und viele weitere Stationen sind einzigartige Beispiele der Leichtigkeit und des tiefen Durchatmens. Das beeindruckende 360-Grad-Bergpanorama auf der Gerlitzen vermittelt einem das Gefühl, eine unvergleichliche Weite zu erfahren. Der Höhenrundweg zählt zu den schönsten Panoramawegen Kärntens mit unvergesslichen Blicken auf die Region Villach, den Ossiacher See, die Karawanken und die Region Nockberge.

Beim imposanten Deutschen Turm, einem Relikt aus dem Jahr 1943, wartet eine Aussichtsplattform auf die Besucher. Er wurde einst von der Deutschen Luftwaffe errichtet und gehört heute zum Observatorium auf der Kanzelhöhe. Das Wetterkreuz, das bei der Wanderung passiert wird, markiert den Schnittpunkt der Gemeinden Arriach, Steindorf und Treffen und diente einst als trigonometrischer Vermessungspunkt. Auf der Bergwiese tummeln sich unzählige Paragleiter. Die Gerlitzen Alpe ist aufgrund des großen Höhenunterschieds von fast 1400 Metern in Kärnten als Eldorado für den Paragleitsport bekannt. Wer einmal über dem Ossiacher See in die Tiefe schweben möchte, kann einen Tandemflug mit einem erfahrenen Profipiloten wagen. In nur 20 Minuten Fahrzeit bringt die Kanzelbahn Gerlitzen Wanderer und Erholungsuchende komfortabel von Annenheim auf den Gipfel, wo einem die schöne Landschaft frische Energie verschafft.

TIPP

Für Inhaber der Kärnten Card ist die Fahrt auf den Gipfel und zurück ins Tal einmal pro Tag gratis.

- Traumbogen-Höhenrundweg, Anfahrt mit der Kanzelbahn Gerlitzen, Kanzelplatz 2 (Talstation), 9520 Annenheim, www.gerlitzen.com
- ÖPNV: Bahnhof Annenheim

Wald als Inspiration

41 Gustav Mahlers Komponierhäuschen in Maiernigg

Der Österreicher Gustav Mahler zählt zu den bedeutendsten Komponisten der Spätromantik und war auch einer der berühmtesten Dirigenten seiner Zeit. Unter Mahlers Leitung entwickelte sich die Wiener Hofoper (die heutige Staatsoper) zu einem der führenden Häuser der Opernwelt. Gustav Mahler war als Dirigent an verschiedenen Orten tätig und arbeitete an und in bedeutenden Opernhäusern und Orchestern. Wichtige Stationen seiner Karriere waren Budapest, Hamburg und die New Yorker Metropolitan Opera.

Durch den Wald spazieren kann Balsam für Körper und Seele sein. Bei jedem Schritt in der Natur verlangsamt sich der Herzschlag und bei jedem Einatmen der Waldluft kommt man mehr zur Ruhe. Ein Waldbesuch sorgt unumstritten für glückliche Momente und Inspiration. So muss es seinerzeit auch Gustav Mahler ergangen sein. Mahler ließ in den Jahren 1900 bis 1901 am Ufer des Wörthersees eine Sommerresidenz errichten sowie abseits im Wald ein Komponierhäuschen. Er verbrachte einige Sommer am Wörthersee und nutzte diese Zeit, um in Ruhe und Abgeschiedenheit an seinen Hauptwerken zu arbeiten. Während der Sommermonate in Kärnten hatte er festgelegte Zeiten, in denen er sich in sein Komponierhäuschen im Wald zurückzog. Dieses Häuschen, das lediglich aus einem Raum bestand, diente ihm als Rückzugsort für seine kreativen Schaffensphasen. Noch heute gelangt man ausschließlich zu Fuß dorthin.

TIPP

Im Sommer finden regelmäßig Veranstaltungen beim Komponierhäuschen statt.

Der Spaziergang vom Strandbad Maiernigg führt durch den Wald, vorbei an den Resten des „Weißen Turms am schwarzen Felsen", einer 1928 erbauten Sternwarte, die 1960 abbrannte. Von Bäumen verdeckt steht das einsame Häuschen mitten im Wald. Ab und zu blitzt das türkisblaue Wasser des Wörthersees durch die Bäume hindurch. Im Komponierhäuschen befinden sich heute diverse Ausstellungsstücke, Schriften, Bücher, Fotos, Briefe und seine Büste. Mit dem Rad kann man am Südufer der Wörthersees entlang bis zum Parkplatz am Strandbad fahren, von dort führt ein steiler Waldweg zum Häuschen im Wald.

● Gustav Mahlers Komponierhäuschen, Ausgangspunkt des Spaziergangs am Strandbad Maiernigg, Süduferstraße 116, 9020 Klagenfurt am Wörthersee
● ÖPNV: Haltestelle Maiernigg Strandbad

Entschleunigung im Schilf

42 Slow Trail um den Pressegger See

Ein Gefühl von Leichtigkeit – und das im Hier und Jetzt. Völlig entspannt mit Walkingstöcken und Laufschuhen oder gemütlich spazierend ist das Eintauchen in die Natur am Pressegger See ganz einfach und wunderschön entschleunigend zugleich. Die majestätischen Karnischen und die Gailtaler Alpen ragen links und rechts des Tals empor und geben dem Pressegger See eine einzigartige Kulisse. Während des Rundwegs ist der markante Berggipfel des Reißkofels immer im Blickfeld. Der dichte Schilfgürtel mit einer Höhe von 3 Metern, durch den der Rundweg teilweise führt, macht den Slow Trail zu einer wahren Oase der Entspannung.

Der Spazierweg erstreckt sich über etwa 6 Kilometer und führt einmal um den See herum. Es ist ein sanfter Schritt-für-Schritt-Weg entlang des Ufers. Meditative Zitate und Ruheplätze mit Seeblick bieten einzigartige Möglichkeiten für kurze Pausen. Im Schilfgürtel spiegeln sich alle Jahreszeiten der Natur. Er dient als Schutzschild für die Artenvielfalt und als Brutstätte für Vögel und Amphibien. Die Schilffläche ist nach dem Neusiedler See die zweitgrößte in Österreich und Landschaftsschutzgebiet.

Beim Strandbad Hermagor startet der Rundweg um den Natursee, der auch liebevoll die „Hermagorer Badewanne“ genannt wird. Gleich zu Beginn wartet auf die Slow-Trail-Geher neben der glitzernden Wasseroberfläche und dem Rascheln des Schilfs die erste Kraftstation. Ein Steg, geformt wie ein Schiffsbug, bietet einen sagenhaften Ausblick auf den See und den Dobratsch, den Villacher Hausberg. Im Sommer kann der See bis zu 28 Grad warm werden. Die Strandbäder sind ein beliebter Treffpunkt für Familien. Beim Strandbad Presseggen lädt die Terrasse zum Verweilen ein. Bei einem Eis oder einem kühlen Getränk sind die Ausblicke auf das Schilf und die Seerosen noch viel schöner. Für die leichte Wanderung sollten etwa 1,5 Stunden eingeplant werden. Besser ist es, sich kein Zeitlimit zu setzen, sondern die entschleunigenden Schritte inmitten der herrlichen Landschaft zu genießen.

● Slow Trail Pressegger See, Ausgangspunkt am Strandbad Hermagor,
Pressegger See 27, 9620 Hermagor
www.kaernten.at/slowtrails/nassfeld
● ÖPNV: Bahnhof Pressegger See

Boho Summer Vibes

43

Sushi und Drinks im SOL BEACH Velden

Der SOL BEACH in Velden ist eine kleine Sommeroase mit Flair. Ein Ort, der die Sinne belebt und Boho-Herzen höherschlagen lässt. Dieser Spot direkt am Wasser könnte genauso gut auf Ibiza oder an der Côte d'Azur zu Hause sein. Die Augen schweifen über den glitzernden Wörthersee, während man auf der Terrasse direkt am Wasser sitzt und von internationalen Köstlichkeiten und erfrischenden Lake Drinks verwöhnt wird. Ein Dauerbrenner sind die Sushivariationen, für die der SOL berühmt ist. Das pure Gefühl der Gelassenheit wird verstärkt durch die sanfte Lounge-Musik im Hintergrund und das stimmige Interieur in hellen Naturtönen, ergänzt durch Palmen, die eine besondere Atmosphäre schaffen. Hier, nur wenige Schritte vom pulsierenden Zentrum Veldens entfernt, wird die Zeit am Wörthersee zu einem unvergesslichen Erlebnis.

TIPP
Reservierungen in der Hauptsaison sind unbedingt empfehlenswert!

Der SOL BEACH bietet nicht nur kulinarische Köstlichkeiten, sondern auch die Möglichkeit, die Seele baumeln zu lassen: Daybeds und Lounges stehen zur Reservierung bereit. Sich an diesem paradiesischen Ort niederzulassen, mit Blick auf den See, und die Sonne auf der Haut zu spüren, ist immer eine kleine, willkommene Auszeit vom Alltag. Der direkte Zugang zum Wörthersee ist ein zusätzliches Geschenk, das den SOL zu einem ganz besonderen Ort macht. Stilecht ist die Möglichkeit, mit dem Motorboot zum SOL BEACH zu kommen. Der Parkservice ermöglicht es Bootsfahrern, ihre Boote am Spiegelfloß anzulegen und dann bequem zum Steg der See-Location gebracht zu werden. Ein kleines luxuriöses Erlebnis, das einen Tag am See perfekt macht.
Der SOL BEACH ist im Sommer für viele Gäste und Einheimische ein absoluter Lieblingsort. Hier werden Emotionen geweckt. Genuss, Schönheit und das Gefühl von Freiheit verschmelzen zu einem unvergleichlichen Erlebnis. Es ist der Ort, an dem man die Zeit vergisst und sich dem Augenblick hingibt, während die Sonne langsam hinter den Bergen untergeht und den Wörthersee in ein goldenes Licht taucht.

- SOL BEACH Velden, Seecorso 68, 9220 Velden am Wörthersee, Tel. +43 (6 64) 9 64 23 38, www.solbeach.at
- ÖPNV: Haltestelle Augsdorfer Straße, ca. 1 Kilometer Fußweg

Orientalisches Alpenflair

44

Im Hotel Hochschober auf der Turracher Höhe

Ein Aufenthalt im Hotel Hochschober auf der Turracher Höhe ist ein Erlebnis voller Glücksmomente und entspannender Augenblicke. Das Hotel, auf über 1700 Metern gelegen, bietet ein einzigartiges Angebot und Kulinarik auf höchstem Niveau. In der Glücksmeldestelle der Hotelbibliothek werden Hotelgäste dazu animiert, positive Momente mit anderen Menschen zu teilen und die Kraft von Glücksgefühlen zu nutzen. Emotionen sind ansteckend und das Hotel schafft eine Atmosphäre, in der Wertschätzung und Achtsamkeit im Mittelpunkt stehen. Die Gäste können ihre Glücksmomente auf Zetteln niederschreiben und sich von den Erfahrungen anderer inspirieren lassen. Das Ganze ist auch online möglich.

Aber was macht eigentlich glücklich? Die Glücksforschung zeigt, dass diejenigen Menschen am glücklichsten sind, die die Fähigkeit haben, die „kleinen Freuden des Lebens" wahrzunehmen: das alltägliche Glück. Man findet es, indem man seine Aufmerksamkeit möglichst oft auf die Gegenwart lenkt und seine Sinne weckt. Es ist wichtig, das Hier und Jetzt bewusst wahrzunehmen und zu schätzen: Das Einatmen der Gerüche, das Kosten von Geschmäckern, das Lauschen auf Geräusche und das Fühlen sind alle eng miteinander verbunden.

Das Hotel Hochschober gehört zu den besten Urlaubsadressen Kärntens. Die Wellnesslandschaft des Hotels erstreckt sich über 5000 Quadratmeter und beinhaltet ein beheiztes See-Bad, Saunen mit Ausblick, Dampfbäder, Pools, einen orientalischen Hamam und einen vierstöckigen Chinaturm mit Teehaus. Hier werden authentische chinesische Teezeremonien angeboten. Der Hamam bietet Waschungen an. Der Hamam-Meister führt durch ein besonderes Reinigungsritual für Körper und Geist. Im Sultansgemach kann man danach die Seele baumeln lassen, Tee, kandierte Früchte und dieses stimmungsvolle Ambiente mitten in den Alpen genießen. Im Winter stehen auf der Turracher Höhe Aktivitäten wie Skifahren, Langlaufen, Schneeschuhwandern und Skibergsteigen auf dem Programm. Im Sommer können die Gäste wandern, e-biken oder Yoga praktizieren.

- Hotel Hochschober, Turracher Höhe 5, 9565 Ebene Reichenau, Tel. +43 (42 75) 82 13, www.hochschober.com
- ÖPNV: Haltestelle Turracher Höhe Panoramabahn

Inspiration und Erholung

45 Das Stift St. Georgen am Längsee

Hinter ehrwürdigen Gemäuern, wo die Vergangenheit mit der Gegenwart verschmilzt, liegt ein Juwel der Inspiration, des Wohlbefindens und des Genusses im sanften Einklang mit der Natur. Am Längsee, wo die Winde Geschichten von Tausenden Jahren in den Bäumen flüstern, thront das Stift St. Georgen. Ein Ort, der die Jahrhunderte durchwandert und dennoch die zeitlose Magie seiner über 1000-jährigen Geschichte bewahrt hat. Ein Glücksort, der Geist und Seele vereint und heute ein Zentrum der Ruhe und Kraft ist, gehüllt in eine einzigartige Naturkulisse.

Dieses Stift, das einst das älteste Frauenkloster Kärntens beherbergte, ist heute ein Ort, der Menschen aus aller Welt anzieht. Hierher kommen Suchende, um ihr inneres Gleichgewicht wiederzufinden. Das Stift St. Georgen ist nicht nur ein historischer Ort, sondern ein lebendiger Quell der Inspiration. Hier vereinen sich Geschichte und moderne Gastfreundschaft in einem zeitgemäßen Vier-Sterne-Wohlfühlambiente. Nicht nur für Übernachtungsgäste öffnen sich die Pforten dieses Hauses, sondern auch für jene, die in seinem Restaurant regionale Köstlichkeiten genießen möchten. Hier kann man beim Brunch oder Abendessen den unvergesslichen Anblick des Längsees genießen. Besonders lohnt sich ein Abstecher zur Stiftsbäckerei, wo der zarte Duft von frischem Gebäck schon in den frühen Morgenstunden durch die Arkadengänge zieht.

Nur 5 Gehminuten entfernt befindet sich das Stiftsbad, ein Ort der völligen Entspannung mitten in der Natur. Eine großzügige Liegewiese mit Sonnenschirmen, ein Badesteg und ein Kinderspielplatz bieten ein harmonisches Badeerlebnis. Entlang eines Pfads, der sich durch die Stiftsgärten von St. Georgen windet, lädt das Stift zu einem Dialog ein, der Spiritualität und die Pracht der Natur vereint. Eine Reise für Körper und Geist, die durch die zauberhafte Gartenlandschaft mit über 120 heilenden und würzigen Pflanzen führt. Es ist eine Symphonie von Eindrücken, die den Geist erhellt und die Seele berührt.

- Stift St. Georgen am Längsee, Schloßallee 6, 9313 St. Georgen am Längsee, Tel. +43 (42 13) 20 46, www.stift-stgeorgen.at
- ÖPNV: Haltestelle Volksschule (Landesstraße), ca. 600 Meter Fußweg

Kunst, Kultur & Genuss

46 Schlendern durch die Villacher Lederergasse

Die Lederergasse in Villach war einst die wilde Party- und Rotlichtmeile der Stadt. Heute ist hier ein bunter Branchenmix zu finden. In den Sommermonaten ziehen die farbigen Schirme viele Leute an und machen die schmale Gasse sehr fotogen. Ein Kinderspielzeuggeschäft ist ebenso ansässig wie ein griechisches Restaurant, eine Pizzeria, ein Co-Working-Space oder ein Friseursalon. Neben den mittlerweile nur noch neun Abend- und Nachtlokalen gibt es auch ein Stadthotel, dessen bunte Fassade von Weitem ins Auge sticht und von einem Graffitikünstler gestaltet wurde.

Das Biramik, ein Keramikkunstgeschäft, ist der jüngste Neuzugang in der Gasse. Hier finden sich wunderschöne Mitbringsel, jedes ein Unikat. Inhaberin Birgit legt bei ihren Kreationen den Fokus auf Dekoration, auf Geschenk- oder auch Gebrauchsgegenstände. Sie fertigt ihre Sachen im Geschäftslokal selbst an und lässt sich bei der Arbeit gerne über die Schulter schauen. Auch ein Besuch in der Genießerei lohnt sich. Die Priorität der Inhaber ist es, sich hier wohlzufühlen. Genießen darf man dabei köstlichen Kaffee mit selbst gemachten Kuchen, umfangreiche Frühstücksvariationen oder ein bodenständiges Mittagessen.

Das Herzstück der Lederergasse ist der Kulturhof:villach. Er ist das Kulturzentrum der Stadt, das alternativer Kunst und Kultur einen Raum bietet. Die offenen Tore laden Jung und Alt ein, den Kulturhof zu besuchen, hier zu verweilen und kreativ zu sein. Wer sich in den Hof traut, steht irgendwann vor dem größten Setzkasten Villachs, welcher nach dem Prinzip Geben und Nehmen funktioniert. Die :artwall im Hinterhof wird in bestimmten Abständen von Künstlern neu gestaltet. Eine Freiluftbühne bietet Platz für Open-Air-Events. Auf der Hauptbühne im Keller werden Konzerte, Theater, Kabaretts, Lesungen, Poetry Slams, Workshops und Vorträge veranstaltet. Mit Menschen hier in Kontakt zu kommen und diese näher kennenzulernen, ist das einfache Glück, das die Lederergasse ihren Besuchern beschert.

● Lederergasse und Kulturhof:villach, Lederergasse 15, 9500 Villach
www.kulturhofvillach.at
● ÖPNV: Haltestelle Gerbergasse

Zone

Goldener Sonnenuntergang

47 Die Strandbar in Egg

Für viele Einheimische und Gäste ist diese Bar eine Institution und ein Zufluchtsort für alle, die den Abend in vollen Zügen genießen wollen. Das Motto „Enjoy & Relax" ist nicht nur ein Spruch an der Wand, sondern die Einladung der Betreiber, das Leben zu zelebrieren. Direkt am Ufer, wo die Sonne sanft auf die Wasseroberfläche des türkisfarbenen Faaker Sees strahlt, entfaltet sich im Sommer zur Goldenen Stunde täglich ein Schauspiel aus Farben und Tönen, das die Sinne berauscht. Wenn der Himmel sich in orangefarbene Nuancen hüllt, während die Sonne langsam hinter den Bergen verschwindet, ist es, als würde die Natur selbst ein Gemälde malen, das nirgendwo sonst so atmosphärisch ist wie hier. Die Strandbar in Egg gehört zu den schönsten Plätzen, um den Sonnenuntergang in Kärnten zu genießen. Die köstlich zubereiteten, sommerlich leichten Snacks, die hier angeboten werden, bilden die perfekte Ergänzung zu entspannten Stunden am See.

Der Steg der Strandbar ist kein gewöhnlicher Platz; hier sitzen die Besucher so nah am Wasser, dass sie förmlich die sanften Wellen, die ans Ufer plätschern, spüren können. Ein Hauch von Freiheit liegt in der Luft, wenn die frische Brise des Sees auf der Haut prickelt. Wie der Duft von Sonnencreme gehören auch die bunten, erfrischenden Getränkekreationen zu einem Sommer am See. Ob für einen entspannten After-Work-Drink oder als krönender Abschluss eines perfekten Sommertages, hier findet man für jeden Geschmack einen angesagten Cocktail, der die Sinne belebt. Für eine ausgelassene Stimmung sorgen während der Saison die Mottopartys, die ein Besuchermagnet sind.

Ein Besuch in der Strandbar in Egg am Faaker See macht jeden glücklich. Die Mischung aus entspannter Atmosphäre, erstklassigen Drinks und dem atemberaubenden Panorama des Sonnenuntergangs macht diesen Ort zu etwas ganz Besonderem, das man immer wieder erleben und in seinen Erinnerungen behalten möchte.

● Die Strandbar, Egger Seeuferstraße 50, 9580 Egg am Faaker See, Tel. +43 (6 76) 5 60 90 30, www.diestrandbar.at
● ÖPNV: Haltestelle Egg/Faaker See Ort

Musik liegt in der Luft

48 Auf dem Brahmsweg zur Hohen Gloriette

Die Hohe Gloriette über Pörtschach ist ein kleiner, luftiger Tempel – ein offenes Holzhäuschen, das auf einem Aussichtspunkt 520 Meter über dem Wörthersee thront. Erreichbar ist dieser besondere Ort über den Brahmsweg, der mitten in Pörtschach beginnt und am Schloss Leonstain und der Ruine Leonstein vorbeiführt. Nach der kleinen Wanderung gibt es zur Belohnung einen atemberaubenden Blick auf die idyllische Pörtschacher Bucht.

Der schimmernde Wörthersee, die Schlangeninsel und der ikonische Pyramidenkogel mit seinem gedrehten Holzaussichtsturm liegen einem zu Füßen. Es ist einer der romantischsten Orte Kärntens, besonders bei Sonnenuntergang. Die Gloriette erinnert an den Komponisten Johannes Brahms, der von 1877 bis 1879 den Sommer in dem einstigen Fischerdorf Pörtschach verbrachte. Fasziniert von der atemberaubenden Landschaft fand Brahms in der Ruhe und Schönheit dieser Gegend Inspiration für einige seiner Werke. Die Umgebung beflügelte seine kreative Seele und erfüllte seine Melodien mit einer besonderen Lebendigkeit. Wer oben auf der Hohen Gloriette verweilt, sollte zur Entschleunigung den Klängen von Brahms lauschen, die hier abgespielt werden können. Es ist schwer, Worte zu finden, die die besondere Wirkung dieses Orts gebührend beschreiben. Diese Aussichtsplattform ist nicht nur ein Ort, um die Augen zu erfreuen, sondern auch einer, um die Seele zu berühren.

Wenn die Sonne langsam über den Horizont wandert und der Tag voranschreitet, wird die Hohe Gloriette zu einem Ort, an dem Zeit und Raum verschmelzen. Es ist ein Plätzchen, das die Herzen mit seiner Schönheit verzaubert. Ein Ort, der in Erinnerung bleibt, lange nachdem man ihn verlassen hat, und der immer wieder die Sehnsucht weckt, zurückzukehren und erneut in die Magie dieses romantischen Fleckchens Erde einzutauchen.

TIPP

Der gesamte Brahmsweg ist 6 Kilometer lang und führt von der Hohen zur Niederen Gloriette.

- Brahmsweg zur Hohen Gloriette, Ausgangspunkt am Monte-Carlo-Platz, 9210 Pörtschach am Wörthersee
- ÖPNV: Bahnhof Pörtschach am Wörthersee

Zeitreise zu den Römern

49 Beim Herkulestempel auf der Gurina

Hoch über Dellach im Gailtal gibt es einen archäologisch bedeutenden Ort, der seine Besucher mit einer besonderen Stille empfängt. Die Gurina, eine eisen- und römerzeitliche Siedlung, ist ein Plateau über dem Gailtal, das von den frühen Spuren der menschlichen Besiedlung geprägt ist. Hier fühlt man den Pulsschlag längst vergessener Zivilisationen. Schon erste Grabungen 1884 enthüllten die Reste eines römischen Tempels. Im Jahr 2004 wurde von der Gemeinde ein ambitionierter Plan für weitere Ausgrabungen und die Schaffung eines archäologischen Parks ins Leben gerufen. Eine erlebbare Reise in die Vergangenheit war das Ziel. Die Rekonstruktion des Tempels war der erste Schritt in diese Richtung.

Der Herkulestempel vereint keltische und römische Elemente in sich. Seine Ursprünge reichen weit zurück in die Zeit um Christi Geburt. Die zahlreichen Herkulesstatuetten, die hier gefunden wurden, lassen vermuten, dass das Bauwerk dieser Gottheit geweiht wurde. Aus Überresten konnten die exakten Maße, die Struktur der Mauern, die Bodenbeschaffenheit sowie Fragmente der Bemalungen und der gemauerten Säulen rekonstruiert werden. Um das Bild zu vervollständigen, wurden Informationen von gleichzeitigen, besser erhaltenen Tempeln wie jenen in Pompeji herangezogen.

Der Herkulestempel ist nicht leicht zugänglich. An einer Waldkreuzung etwas nördlich des Heldenfriedhofs bietet ein Parkplatz für etwa 10 Fahrzeuge den Ausgangspunkt für die knapp 15-minütige Wanderung durch den Wald, die für ungeübte Wanderer anfangs etwas herausfordernd sein kann. Oben angekommen, öffnet sich zur Belohnung eine weite Aussicht auf die Gipfel der Karnischen Alpen. Ein Moment des Eintauchens in die Geschichte umgibt einen, in dem die Zeit stillzustehen scheint. Ein Ort, der dazu einlädt, innezuhalten, Gedanken zu sammeln und die Geschichte zu spüren, die tief unter der Erde verborgen liegt.

TIPP

Unbedingt auch die Kirche St. Helena am Wieserberg mit romanischen Fresken aus dem 14. Jahrhundert besuchen.

● Herkulestempel auf der Gurina, im Ortszentrum Dellach von der B 111 der asphaltierten Straße östlich des Dellacher Bachs nach Norden folgen, 9635 Dellach im Gailtal, www.gurina.dellach.at

Kärntens Weinrefugium

50

Das TrippelGUT am Maltschacher See

Wie eine Oase der Ruhe liegt der Maltschacher See nahe der Stadt Feldkirchen an den Ausläufern der Nockberge. Wiesen und Wälder säumen das kleine Paradies, das besonders bei Campingurlaubern und Familien beliebt ist. Im Sommer lädt der See zur Abkühlung ein, in der Nebensaison genießen Wanderer und Spaziergänger die Idylle und die wärmenden Sonnenstrahlen am Seeufer. Ein ausgeschilderter Rundweg lädt dazu ein, die Gegend zu erkunden. Beginnend beim öffentlichen Strandbad Maltschacher See stehen zwei Varianten zur Wahl: eine Runde mit 6,5 Kilometer Länge sowie ein verkürzter, 3 Kilometer langer Weg.

Beide Varianten führen durch eine traditionelle Kulturlandschaft, vorbei an den Ortschaften Maltschach, Mattersdorf und Briefelsdorf. Die Elemente dieser Landschaft – der Wald, das Moor, die Wiese, der See, große Bäume – laden zum Verweilen ein. Kurze meditative Texte geben Anleitung zum Innehalten und Kraftschöpfen. Der familientaugliche Spaziergang führt auch mitten durch die Weingärten von Kärntens zweitgrößtem Weingut, dem TrippelGUT, einem Refugium für Weinliebhaber und Genussmenschen. Das Anwesen thront inmitten sanfter Hügel mit Blick auf die hauseigenen Weingärten. Hier kann geurlaubt, geschlafen, gegessen und gefeiert werden. Das TrippelGUT ist ein beliebter Ort für Familienfeiern, Seminare und Hochzeiten – ein wahrlich magischer Platz, an dem sich die Gäste von der zauberhaften Kulisse inspirieren lassen können. Die Weinreben vor der Terrasse geben dem Anwesen eine besondere Aura, während man den Blick über die sanften Hügel und den angelegten Kräutergarten schweifen lässt.

Das Weinhotel verkörpert einen Ort der Sinne, an dem die hauseigenen Weine und die hervorragende Restaurantküche die Gaumen der Gäste verwöhnen. Die Verbindung von Natur und Genuss machen das TrippelGUT und den Maltschacher See zu einer Symbiose, dank der die Herzen der Besucher im Einklang mit der Ruhe und Schönheit der Umgebung höherschlagen.

TIPP

Das TrippelGUT bietet Verkostungen im Schauweinkeller und Ab-Hof-Verkauf von Wein an.

● WeinGUT TrippelGUT, Hubertusweg 4 (Ausgangspunkt für den Rundweg am Strandbad Maltschacher See, Maltschach 2 a), 9560 Feldkirchen in Kärnten, Tel. +43 (42 76) 9 30 80, www.trippelgut.at

Burgherr und Nixe

51 Burgherrenrunde um die Burg Landskron

Eine Flucht aus dem Alltag und wohltuende Draußenzeit in der Natur ist diese Familienwanderung entlang gepflegter Forstwege am westlichen Rand der Ossiacher Tauern. Der „Burgherr“ führt in Form von Infotafeln entlang des Wegs durch eine Geschichte, die von der Flora und Fauna geprägt ist, zu Aussichtspunkten, die einem den Atem rauben, und zu ganz besonderen Plätzen. Die Wanderung beginnt beim Burgteich am Fuße der Burgruine. Der Weg führt vorbei an den ehemaligen Wasserversorgungsanlagen der Burg, den Aquäduktbögen mit ihrem symbolischen Wasserspiel und führt zum Eingang des berühmten Affenbergs, wo 160 Japanmakaken leben. Von hier aus beginnt der Naturpfad mit kindgerechten Informationen über die Flora und Fauna dieses wunderschönen Mischwalds.

TIPP

Der kurze Aufstieg durch die Weinreben zur Burgruine Landskron mit der Adlerwarte lohnt sich.

Am Anstieg zum Jungfernsprung eröffnet sich eine farbenprächtige Szenerie – Villach liegt einem zu Füßen und der Dobratsch stolz und erhaben im Hintergrund. Ein Anblick, der einen durchatmen lässt und Ruhepausen in der Seele schafft. Der „Burgherr“ nimmt die Wanderer weiter mit zum Jungfernsprung, wo majestätische Felsformationen zum Ossiacher See hinabstürzen. Der westliche Teil des Ossiacher Sees liegt einem malerisch zu Füßen, während die Gerlitzen erhaben den Blick auf sich zieht. Die Holzskulptur „Ossiacher See Nixe“ erzählt die faszinierende Sage von der Entstehung des Tauern Kirchleins und verleiht dem Jungfernsprung seinen Namen.

Folgt man den Schildern weiter, gelangt man zu Rastplätzen und wunderschönen Waldlichtungen, die einzigartige Kulisse der Karawanken und Julischen Alpen immer im Blickwinkel. Der Rest des Wegs schlängelt sich durch gepflegte Lärchen-, Fichten- und Buchenbestände bis zum Urleteich, wo lebensgroße Holzskulpturen der Meierei, der einstigen Burgverwaltung, zu bestaunen sind. Die Burgherrenrunde endet hier mit einer Abschiedsgeste des „Burgherrn“. Jeder Schritt dieser Wanderung ist eine Erfahrung, die sich tief in die Seele einprägt und jeden näher an die beruhigende Schönheit der Natur führt.

- Burgherrenrunde um Burg Landskron, Ausgangspunkt am Parkplatz Burgteich, Schloßbergweg (mautpflichtig), 9523 Gratschach www.visitvillach.at/de/burgherrenrunde.html
- ÖPNV: Haltestelle Villach Max-Lauritsch-Straße, ca. 1,1 Kilometer Fußweg

Friedenssymbol

52

Die Scotti-Kapelle auf der Rattendorfer Alm

Das Grenzgebiet zwischen Österreich und Italien entlang der Karnischen Alpen übt eine besondere Faszination auf die Besucher der Region aus. Am Karnischen Höhenweg, einem bekannten Weitwanderweg, der hier vorbeiführt, wird die Staatsgrenze von Österreich und Italien mehrmals überschritten. Jene Grenze, die im Ersten Weltkrieg von Soldaten in einem Stellungskrieg umkämpft wurde und das ganze Almgebiet zu einem geschichtsträchtigen Ort macht.

Auf einem Plateau mitten im Almgebiet steht eine hölzerne Kapelle, die seit über 100 Jahren den Zeichen der Zeit zu trotzen scheint: die Scotti-Kapelle. Ursprünglich wurde sie in den Jahren 1915 bis 1916 von Soldaten errichtet und 1981 nach dem Zerfall wieder aufgebaut. Die Kapelle erinnert an die Vergangenheit, mahnt uns zur Toleranz und lässt zugleich die Sehnsucht nach einer besseren Welt in uns aufkeimen. Sie ist heute ein Symbol für den Frieden und steht für ein freundschaftliches Miteinander der Bewohner des Kärntner Gailtals und der Region Friaul in Italien.

Die malerische und einzigartige Almlandschaft weckt Emotionen und stimmt ein wenig melancholisch. Wenn man auf einer der Holzbänke vor der Scotti-Kapelle sitzt und die Seele baumeln lässt, breitet sich ein Gefühl von Sorgenfreiheit aus. Der Blick schweift immer wieder in die Ferne, um die Bergketten rundherum zu bestaunen. Es dominiert die Stille. Nur das Rauschen des Winds ist zu hören, wenn er sanft über die saftigen Almwiesen streift. Ganz weit weg ist das Plätschern eines kleinen Bachs. Im Frühling sind die Wiesen rund um die Kapelle von pinken Alpenrosen übersät. Im Sommer kitzelt der würzige Geruch von Kräutern in der Nase. Der blaue Wiesenenzian und der wilde Thymian stehen dann in voller Blüte. Wer ganz genau hinschaut, entdeckt die wilden Heidelbeeren, die ab August erntereif sind und beim Verkosten wie kleine Perlen des Glücks im Mund ihrer Finder zerplatzen.

TIPP

Traumhafte Ausblicke über die Alm gibt es bei der Wanderung zum Soldatenkreuz auf den Ringmauern.

● Scotti-Kapelle, Spaziergang ab Rattendorfer Alm (ca. 1,2 Kilometer), 9631 Rattendorf, www.rattendorferalm.at

Fortunas Botschafter

53 Am Glücksparcours Moosburg

Kein anderer Ort dieses Buchs spiegelt die Möglichkeit, in Kärnten ein Glücksgefühl zu erleben, so perfekt wider wie dieser. Zur Belebung des Ortskerns ist in Moosburg ein Projekt entstanden, das sich voll und ganz dem Thema Glück verschrieben hat. Glück taucht oft unerwartet auf, und wir haben die Macht, es nicht unbeachtet vorüberziehen zu lassen. In jedem von uns ruht dieses verborgene Gefühl der Zufriedenheit.

Der Verein „zumglück.jetzt“ strebt danach, es durch Veranstaltungen, Projekte und den inspirierenden Glücksparcours zu zeigen. Den Besuchern werden Geschichten erzählt, Ideen präsentiert und Erlebnisse angeboten, die neue Perspektiven eröffnen. Jeder, der sich auf den Pfad des Glücks in Moosburg begibt oder die Galerie der Gedanken durchschreitet, kehrt mit einem reichen Erfahrungsschatz und einem anderen Blick auf das Leben zurück. Diese Galerie ermöglicht einen Dialog mit klugen Persönlichkeiten entlang der Moosburger Schlosswiese. Der Glücksparcours ist ein von Künstlern gestalteter Weg. Die Besucher begeben sich auf eine Entdeckungsreise in der Natur. Etwa 50 Stationen laden dazu ein, die vielfältigen Facetten des Glücks zu erkunden und diese auf spürbare Weise zu erleben. Installationen entlang des Parcours machen Lust, innezuhalten und die eigene innerliche Reise anzutreten. Der Glücksparcours, der das ganze Jahr über begehbar ist, führt vom Ortskern vorbei an malerischen Teichen bis zum Schloss Moosburg. Darüber hinaus werden geführte Spaziergänge und tiefgründige Gespräche angeboten, die eine Auszeit vom Alltag schenken und einen tieferen Zugang zum Thema ermöglichen. Die Glüxakademie richtet ihre Themen an den vier Jahreszeiten aus und organisiert Vorträge, kreative Workshops, Begegnungen in der Natur sowie inspirierende Veranstaltungen, die dem Innehalten gewidmet sind. Die Glücksinitiative lädt die Menschen dazu ein, ihre Neugier zu entfachen, die Fantasie zu beflügeln und somit das Kostbarste, das sie besitzen – ihre Lebenszeit – zu bereichern.

● Glücksparcours Moosburg, Schlosswiese, 9062 Moosburg
www.zumglueck.jetzt/gluecksparcours
● ÖPNV: Haltestelle Ortsmitte

Auf den Spuren der Römer

54 Römerweg und Maibachl in Warmbad-Villach

Die Region Warmbad-Villach bietet eine Fülle an Erholungsmöglichkeiten und ist ideal für einen unkomplizierten Familienausflug oder ein schnelles Aufladen der Batterien nach einem arbeitsreichen Tag. Die Geschichte dieser Gegend reicht Jahrtausende zurück bis zu den Römern, die einst eine der ältesten noch erhaltenen Straßen des Landes errichteten. Die Römerstraße verband das antike Italien mit dem germanischen Norden. Warmbad-Villach spielte eine zentrale Rolle auf dieser Route, was bis heute anhand des gut erhaltenen Römerwegs erkennbar ist. Diese Geleisestraße ist ein wertvolles Relikt vergangener Zeiten und gilt als bedeutendste Route, die durch die Ostalpen führte. Alte Inschriften erzählen über die Nutzung der Thermalquellen durch die Römer und sind Zeugnis ihrer Badekultur in dieser Region.

Ein einzigartiges Naturphänomen prägt im Frühling die Gegend um Villach: Wenn der Schnee am Dobratsch schmilzt oder längerer Regen einsetzt, entstehen mitten im Wald zwei mit warmem Wasser gefüllte Becken – das Maibachl sprudelt für kurze Zeit und die Villacher pilgern dorthin, um ein Bad in der Natur zu nehmen. Das Ereignis ist das Resultat einer geologischen Besonderheit: Wasser dringt durch die Gesteinsschichten, erwärmt sich auf 38 Grad Celsius, steigt durch undurchlässige Lehmschichten im Stadtteil Warmbad auf, vermischt sich mit kühlerem Wasser und erreicht die Oberfläche mit angenehmen 29 Grad Celsius.

Seit jeher wird diesem Thermalwasser vom Dobratsch eine heilende Wirkung zugeschrieben: Es enthält wertvolle Inhaltsstoffe, die bei Gelenkschmerzen, Durchblutungs- und Kreislaufstörungen, Muskelschmerzen sowie Stress lindernd wirken können. Wenn das Maibachl gerade nicht für eine Wellnessauszeit im Wald bereitsteht, bietet die Kärnten Therme die perfekte Alternative. Sie lockt mit einer modernen Erlebnisbadewelt und einem wunderbaren Spa-Bereich auf zwei Etagen. Im Hamam heißt es: sich erholen, genießen und im wohligen Nichtstun versinken.

● Römerweg Warmbad-Villach, Ausgangspunkt am Hotel Warmbaderhof, Kadischeallee 22–24, 9500 Villach, www.visitvillach.at/de/maibachl.html
● ÖPNV: Bahnhof Villach Warmbad

Romantischer Kraftort

55

Auf dem Danielsberg bei Kolbnitz

Der Danielsberg ist ein ganz besonderer Kult- und Kraftort. Dem kegelförmigen, 982 Meter hohen Berg bei Kolbnitz im Nationalpark Hohe Tauern werden besondere Energien zugesprochen. Ein Ausflug auf den Danielsberg gleicht einer Zeitreise. Bereits vor 6000 Jahren siedelten sich Menschen am Danielsberg an. Werkzeuge aus Stein wurden gefunden und die älteste Kultstätte Oberkärntens entdeckt: der Schalenstein. Dieser befindet sich auf der Wiese, nahe der Kirche. In seine kleinen, schalenförmigen Vertiefungen wurde bei Kulthandlungen das Opfergut gegeben. Später befand sich hier ein römischer Tempel, der im Laufe der Zeit zu einer christlichen Kirche wurde. Seit 900 Jahren thront die Kirche St. Georgs auf dem Gipfel des Danielsbergs und bietet den wohl schönsten Panoramablick über das Mölltal.

TIPP

In den Herkuleshof darf man nur mit Reservierung.

Die Kirche ist eine der ältesten noch erhaltenen romanischen Kirchen Oberkärntens mit größtenteils ursprünglicher Bausubstanz und ein äußerst beliebter Ort, um den schönsten Tag des Lebens zu feiern. Das Gefühl, so hoch über dem Mölltal den Bund fürs Leben einzugehen, hat etwas Erhabenes. Der Ausblick von dort oben lässt jeden romantisch werden, wenn nach der Zeremonie gemeinsam die kleine Glocke im schmiedeeisernen Bogen zum Läuten gebracht wird. Organisiert werden die Feierlichkeiten am Berg vom Team des über 100 Jahre alten Herkuleshofs. Seit den 1950er-Jahren befinden sich der Danielsberg und der Traditionsbetrieb in Privatbesitz von Familie Viehhauser. Das Gasthaus im Retrostil wirkt wie aus der Zeit gefallen und ist auf Familienfeierlichkeiten spezialisiert. Besonders idyllisch ist der Teich mit Bänken und dem markanten Herz aus Holz.

Die kunstvollen Holzskulpturen auf dem ganzen Gipfelareal stammen vom Kunstverein „Arte Danielsberg“, hinter dem der Mölltaler Künstler Dietmar Fian steckt. Der Danielsberg ist Landschaftsschutzgebiet. Wer ihn zu Fuß erkunden will, macht das über einen faszinierenden und entschleunigenden Naturlehrpfad.

● Herkuleshof am Danielsberg, Preisdorf 18, 9815 Kolbnitz, Tel. +43 (47 83) 22 88
www.herkuleshof.at

Danielsberg

Altstadtflair und Kulinarik

56 Klagenfurts älteste Gasse

Die Badgasse, ein schmaler Durchgang zwischen dem beliebten Alten Platz und dem Heuplatz, birgt auf den ersten Blick Unscheinbares. Mit jedem Schritt enthüllt die schmale Gasse ihre kleinen Geheimnisse. Sie offenbart einen unvergleichlichen Charme durch historische Details wie alte Straßenbeschilderungen und einen interessanten Branchenmix für Altstadtbummler. Hinter pastellfarbenen Fassaden und Kopfsteinpflaster verstecken sich die schönsten Arkadenhöfe der Stadt.
Die Gasse erzählt Geschichten von längst vergangenen Zeiten. Sie ist eine der ältesten in Klagenfurt und trug bereits im Mittelalter den Namen „Badgäßle". Hier befanden sich im 16. Jahrhundert die Badestuben der Stadt. Die Klagenfurter richteten jeden Samstag heiße Wannenbäder in hölzernen Bottichen her. Heute beherbergt die Badgasse kleine Geschäfte und die Pizzeria Pazzeria. In Klagenfurts ältestem Gebäude bietet sie eine Bühne für italienische Lebensfreude, kulinarische Genüsse sowie soziale und künstlerische Projekte. Der „guter dinge – dein glücklich laden" lädt zum Stöbern nach Kunsthandwerk, Dekor und heimischen Spezialitäten ein. Der Laden verfolgt den Zweck, sich selbst und andere zu beschenken und somit glücklich zu machen. Jeder kann hier originelle Mitbringsel für seine Liebsten und Achtsamkeitsgeschenke für sich selbst erstehen.

TIPP

Die Nachtwächterführung ermöglicht Teilnehmern eine Zeitreise in das mittelalterliche Klagenfurt.

In der Gemischtwarenhandlung Hradetzky kann man sich Weine vom Fass abfüllen lassen und findet eine vielfältige Auswahl an Likören, Honig, Sonnenblumenöl und Gewürzen. Die Inhaberin bedient ihre Kunden hier persönlich. Gegenüber im Il pane con l'olio gibt es hochwertiges Olivenöl, Aceto balsamico aus Modena, Bio-Tomatensugo, Qualitätspasta, süditalienischen Käse, Salami, Parmaschinken, Bresaola della Valtellina und Mozzarella. Die Badgasse ist ein Ort, der die Geschichte der Stadt mit den schönen Dingen der heutigen Zeit verbindet. In diesem faszinierenden Mix aus Vergangenheit, Altstadtflair und Kulinarik liegen die historischen Wurzeln von Klagenfurt verborgen.

● Badgasse, 9020 Klagenfurt am Wörthersee
www.visitklagenfurt.at/de/erlebnisse/themenfuehrungen
● ÖPNV: Haltestelle Heuplatz

HEUTE
Thank you for coming!
PAZZERIA
Benvenuti!

Glück auf im Hochtal

57 Bergwerkstradition auf dem Stollenwanderweg

Der Bergbau hatte im Hochtal auf 990 Metern Seehöhe jahrhundertelang Tradition. Vor über 30 Jahren hat der letzte Hunt, wie die Grubenwagen im Bergbau genannt werden, den Stollen mit Blei und zinkhaltigem Gestein verlassen. Die Traditionen und das Erbe dieser Zeit werden hier nach wie vor hochgehalten. Der Bergmannsgruß „Glück auf" wird im Alltag auch noch von der jungen Generation verwendet. Damit ist der Wunsch nach Glück und leiblichem Wohlergehen des Begrüßten gemeint, sprich, er möge ohne Gefahr in der Tiefe der Grube seine Schicht fahren und heil wieder zurückkommen.

Das Bleiberger Hochtal, zwischen dem Erzberg und dem Naturpark Dobratsch gelegen, ist der perfekte Ort für Ruhesuchende und Naturliebhaber. Hier gibt es keine teuren Restaurants, Bars und In-Lokale. Dafür kann man wunderbar entschleunigen, kuren und neue Energie und Lebensfreude schöpfen. Das Tal bietet Besuchern eine einzigartige Naturkulisse, heilende Thermalquellen und sehr viel Ruhe und Entspannung.

Der Stollenwanderweg führt über 4,5 Kilometer und bietet anhand alter Stollen Einblicke in die Bergbautradition des Bleiberger Tals. Er zeigt die faszinierende Welt der alten Bergbaustollen, die einst das Herzstück der Bleibergminen bildeten. Dabei gibt es zahlreiche Möglichkeiten, auch einen Blick in die Welt unter Tage zu werfen. Während des Wegs können die beeindruckenden Spuren der Bergbaugeschichte bewundert werden, darunter verlassene Bergwerkstunnel, Schächte und die Werkzeuge, die einst von den Bergleuten verwendet wurden. Informative Tafeln erläutern die Geschichte und die geologischen Besonderheiten der Region. Außerdem gibt es immer wieder Gelegenheiten für Fotomotive und Momente der Stille und Besinnung.

Der Stollenwanderweg in Bad Bleiberg ist eine einzigartige Möglichkeit, in die faszinierende Welt des Bergbaus einzutauchen, die Natur zu genießen und dabei die Geschichte der Region zu entdecken.

TIPP

Im Schaubergwerk Terra Mystica wird die Arbeit des Bergmanns von einst bis jetzt vermittelt.

● Stollenwanderweg, Ausgangspunkt unterhalb des Schaubergwerks Terra Mystica, Antoniweg 5, 9530 Bad Bleiberg
www.terra-mystica.at

STOLLEN WANDERWEG

Kulturtreffpunkt

58

In der Künstlerstadt Gmünd

Die charmanten Cafés, Bäckereien und einladenden Gastgärten im Herzen von Gmünd sind stets gut frequentiert. Hier trifft man auf ein buntes Publikum, das die Stadt belebt und bereichert. Seit 1346 trägt Gmünd offiziell den Titel einer Stadt und erweckte schon damals das Interesse der Römer, die entlang der Salzstraße von Bayern nach Venedig hier Rast machten.

Heutzutage üben die mit Kopfstein gepflasterten Gassen und versteckten Innenhöfe eine magische Anziehungskraft auf Künstler und Kulturbegeisterte aus. Seit 1991 hat die Kulturinitiative Gmünd eine Schlüsselrolle bei der erfolgreichen Entwicklung der Stadt zur Künstlerstadt übernommen. Mit über 100 Veranstaltungen an 260 Tagen im Jahr bietet sie eines der umfassendsten Kulturangebote in Oberkärnten. Gmünd, die selbst ernannte Künstlerstadt, hat für jeden Besucher etwas zu bieten. Mit insgesamt 26 Stationen, darunter Ausstellungshäuser, Künstlerateliers, Museen und Kunst im öffentlichen Raum, lädt die Stadt zur Erkundung ein. Kunstvermittler stehen bereit, um Besucher durch die Stadt und ihre Galerien zu führen.

Der imposante Stadtturm von Gmünd, der die Besucher von Süden her in die mittelalterliche Stadt führt, dient als beeindruckender Ausstellungsort. Auf drei Etagen wird dort jeden Sommer eine umfangreiche Schau von Künstlern mit internationalem Renommee präsentiert. Die Stadtturmgalerie Gmünd hat sich in den letzten Jahren als eine führende Plattform für international anerkannte Ausstellungen etabliert und zählt zu den renommiertesten Kunsthäusern in Oberkärnten. Werke von Dürer, Miró, Matisse, Picasso und Max Ernst waren hier bereits zu sehen. Ein Höhepunkt im Veranstaltungskalender ist der Kunsthandwerksmarkt Gmünd, der im August stattfindet. Dieser 2-tägige Markt hat sich zu einem Besuchermagneten entwickelt und zählt zu den qualitativ hochwertigsten und besten Märkten in ganz Österreich.

TIPP

Das private Porsche Automuseum befindet sich in Gmünd, wo von 1944 bis 1950 die ersten Porsche gebaut wurden.

- Künstlerstadt, 9853 Gmünd in Kärnten
  www.kuenstlerstadt-gmuend.at
- ÖPNV: Haltestelle Hauptplatz

KUNST &
HANDWERK
HAUS
ATELIER
Karin Kimbacher
0664 2115243
2k
ANTIQUITAT

Ein erhabener Wächter

59

Der Stadtpfarrturm St. Egid in Klagenfurt

Der majestätische Stadtpfarrturm von Klagenfurt gewährt jedem Besucher einen Einblick in die Vergangenheit der Stadt. Er ragt stolz vom Pfarrplatz empor und bildet das Herzstück der Altstadt. Wie ein aufmerksames Auge wacht er über die Stadt und ihre Bewohner. Es lohnt sich, die 225 Stufen des 1725 erbauten Turms über enge Wendeltreppen zu erklimmen.

Auf der Aussichtsplattform in schwindelerregenden 45 Metern Höhe wird man mit einem Blick belohnt, der die Seele zum Jubeln bringt. Vor den Augen der Betrachter breitet sich ein einzigartiges Panorama aus. Die majestätischen Karawanken, der Wörthersee, das Kreuzbergl und die wunderschönen Gassen der Altstadt malen eine Kulisse, die für immer im Gedächtnis bleibt. Ein Gefühl von Freiheit und Erhabenheit ergreift jeden, der auf dieser Plattform steht.

TIPP
In der Stadtpfarrkirche St. Egid kann auch die kunstvolle Fuchskapelle besichtigt werden.

Doch nicht nur die überwältigende Aussicht, sondern auch die faszinierende Geschichte des Turms machen den Ort einzigartig. Die Legende des Türmers, der einst zu Mitternacht seinen Hornruf ertönen ließ, erfüllt die Gemäuer noch heute mit einer geheimnisvollen Atmosphäre. Die Erzählung besagt, dass der Türmer niemals gen Süden blasen durfte, aus Furcht, die Toten des nahe gelegenen Friedhofs zu erwecken. Einer versuchte es trotzdem und erstarrte vor Schreck, als die Gräber sich öffneten und unheimliche Gerippe herausstiegen. Die Morgendämmerung sorgte dafür, dass die Skelette zerfielen und in die Gräber zurückkehrten. Die alten Mauern des Turms beherbergen noch immer die Wohnung des Türmers, die bis 1966 bewohnt wurde.

Der Stadtpfarrturm ist zu einem markanten Symbol für Klagenfurt geworden und erhebt sich mit einer Höhe von über 90 Metern über das historische Stadtzentrum. Selbst an Tagen, an denen dichter Nebel die Szenerie einhüllt, strahlt das großflächige Ziffernblatt der Turmuhr über den Dächern der Altstadt und seine Präsenz ist unübersehbar. Der Stadtpfarrturm ist ein architektonischer Zeitzeuge und ein Ort für einzigartige Geschichten, die in den alten Gemäuern ruhen.

- Stadtpfarrturm St. Egid, Pfarrplatz 4, 9020 Klagenfurt am Wörthersee
www.visitklagenfurt.at/de/stadtpfarrturm
- ÖPNV: Haltestelle Heiligengeistplatz

NIGHTFEVER

Genuss unter einem Dach

60

Im Haus der Region in Wolfsberg

Es macht glücklich, bewusster zu essen, die Herkunft von Lebensmitteln zu kennen und die Vielfalt der regionalen Küche und Produktion zu entdecken, während man gleichzeitig die lokale Wirtschaft unterstützt und einen respektvollen Umgang mit der Umwelt fördert. Das Lavanttal ist eine von drei Slow-Food-Travel-Regionen in Kärnten. Hinter der Slow-Food-Bewegung steckt eine Initiative, die sich für bewusstes Essen, traditionelle Küche, lokale Produkte und nachhaltige Lebensmittelproduktion einsetzt. Das Konzept zielt darauf ab, Reisenden eine Möglichkeit zu bieten, die lokale Kultur, Traditionen und kulinarischen Genüsse einer Region in einem gemächlichen Tempo und mit dem Fokus auf Qualität und Authentizität zu erleben. Die Slow-Food-Travel-Aktivitäten beinhalten beispielsweise den Besuch von Bauernhöfen, lokalen Märkten und Handwerksbetrieben, die traditionelle Lebensmittel herstellen.

Gäste haben im Lavanttal die Möglichkeit, an Spezialitätenverkostungen teilzunehmen, Veranstaltungen zu besuchen, die sich um die lokale Küche drehen, und mit den Menschen vor Ort in Kontakt zu treten, um mehr über traditionelle Praktiken und persönliche Geschichten zu erfahren. Dabei soll eine Verbindung zwischen den Besuchern und der Umgebung geschaffen werden, die durch Essen, Kultur und Nachhaltigkeit geprägt ist.

Als regionale Vermarktungsplattform werden im Haus der Region die Schätze des Lavanttals unter einem Dach präsentiert. Lokale Direktvermarkter, Künstler und Handwerker werden hier bei der Vermarktung ihrer ausgezeichneten Produkte und Werke unterstützt und damit wird die ganze kulinarische Bandbreite des Lavanttals präsentiert. Von Weinen und Säften bis hin zu Essigen, Ölen und Fischprodukten gibt es wirklich alles, was Genussmenschen begehren. Man spürt, dass in jedem Produkt eine Menge Hingabe und Leidenschaft steckt. Ein Besuch im Haus der Region ist perfekt, um sich selbst oder jemand ganz Besonderem mit einem kulinarischen Mitbringsel eine Freude zu machen.

● Haus der Region, Getreidemarkt 3, 9400 Wolfsberg, Tel. (0 43 52) 3 51 55
www.hausderregion.at
● ÖPNV: Haltestelle Hoher Platz

BON BONS
FRUCTOSE

Rosa Blütenzauber

61

Kirschblüte im Klagenfurter Goethepark

Die Worte eines alten japanischen Sprichworts hallen wider: „Wenn ein Baum blüht, lass sofort alles stehen und liegen, hol dir einen Schemel und setz dich drunter." Klagenfurt bietet einige Ecken, an denen sich ab Mitte April die Kirschblüten in ihrer ganzen Pracht entfalten. Die Baumblüte ist ein Schauspiel, das den Frühling begrüßt und das Herz mit seiner Schönheit erfüllt. Ein einzelner Kirschbaum kann bis zu einer Million Blüten tragen – ein schier überwältigender Anblick, wenn sich die Blüten öffnen und den Himmel mit roséfarbenen Schleiern verzieren.

Die japanische Blütenkirsche findet in Klagenfurt am Wörthersee ihre perfekte Bühne. Die Anmut dieser Ziergehölze entfaltet in der Stadt ein zauberhaftes Spektakel. Sie säumen Alleen und verzaubern mit ihren pastelligen bis dunkelrosa Farbtönen viele Teile der Stadt. Der Goethepark ist einer dieser wunderbaren Orte. Ab Ende April wird der Park zum Publikumsmagnet, wenn binnen weniger Tage ein atemberaubendes Blütenmeer entsteht. Diese Kulisse bietet einen wunderschönen Anblick und verleiht dem Ort eine unvergleichliche Aura von Anmut und Charme. Verliebte Pärchen sitzen auf Parkbänken unter den Kirschbäumen und junge Menschen posieren, um ihr Social-Media-Profil mit dem pinken Blütenmeer im Hintergrund aufzupolieren.

Die Kirschblüte in Klagenfurt ist mehr als nur ein Naturphänomen – sie ist ein Ereignis, das die Menschen zusammenbringt. Nach der Kälte eines langen Winters ist es erfreulich, sich wieder im Freien zu treffen, die Wärme der Sonne zu spüren und unter dem sanften Schleier der Blütenpracht zu verweilen. Es ist ein Moment des Innehaltens, des Genießens und des gemeinsamen Feierns der Schönheit des Lebens. Am Eingang zum Goethepark und seiner blühenden Farbenpracht ist der Jugendstilpavillon, ein schmuckes Kleinod, nicht zu übersehen. Er ist mit seinen 9,96 Quadratmetern eines der kleinsten Theater der Welt. Das ganze Jahr über finden dort musikalische Abende, Kindertheater, Lesungen und Kabarettaufführungen statt.

TIPP

Ein weiterer Kulturtreffpunkt im Goethepark mit Terrasse im Sommer ist das Haus der Architektur.

- Goethepark, 9020 Klagenfurt am Wörthersee
- ÖPNV: Haltestelle Heiligengeistplatz

Wöchentliches Volksfest

62

Auf dem Faaker Bauernmarkt

Voller Vorfreude fiebern die Einheimischen jedes Jahr sehnsüchtig dem ersten Bauernmarkt der Saison Anfang Mai entgegen, wenn es wieder heißt: „Donnerstag gemma Bauernmarkt!“ Der Markt ist ein fixer Bestandteil der regionalen Kulturlandschaft und ein beliebter Treffpunkt für Familien und Freunde.

Von Anfang Mai bis Ende September verwandelt sich das Marktgelände in Faak donnerstags zu einem wöchentlichen Volksfest, das die Menschen zusammenbringt. Die Vielfalt der landwirtschaftlichen Produkte aus Kärnten und der Erzeuger aus dem Alpe-Adria-Raum füllt nicht nur die Vorräte der Besucher auf, sondern bietet auch handgefertigte Mitbringsel von talentierten Kunsthandwerkern und Künstlern. Von frischem Obst und Gemüse über verschiedene Käsesorten bis hin zu handgemachten Brot- und Getreideprodukten ist alles zu finden, was das Herz begehrt.

Der Renner sind immer die Stände mit einer großen Auswahl an belegten Broten mit Speck, Schinken, Kren und anderen regionalen Schmankerln, die sofort verzehrt werden möchten. In dieser einladenden Atmosphäre, umgeben von Hausbrot, Honigschnaps und frischem Apfelsaft, schlendert man gemütlich über das Marktgelände und probiert sich durch die Schatztruhe an Köstlichkeiten. Jeder findet auf dem Bauernmarkt etwas, das er sich gönnen will: bäuerlich produzierte Lebensmittel, abseits von Industrieware. Und ist es nicht so, dass es einen glücklicher stimmt, wenn man weiß, wer hinter den vielen guten Produkten steckt? Wer den Speck geräuchert, die Säfte eingekocht und die Milch veredelt hat? Der Markt unterscheidet sich von anderen Bauernmärkten durch seine Öffnungszeiten. Er öffnet um 17.00 Uhr und geht bis 22.30 Uhr. Ideal für alle, die nach der Arbeit oder einem Tag am See den Abend kulinarisch und in geselliger Runde ausklingen lassen wollen. Der Faaker Bauernmarkt ist definitiv ein Ort des Beisammenseins, der Freude und des gemeinsamen Genießens, der jeden Besucher beseelt wieder heimfahren lässt.

TIPP

In der Woche der European Bike Week im September findet der Bauernmarkt nicht statt.

● Bauernmarkt, Marktplatz 1, 9583 Faak am See
● ÖPNV: Bahnhof Faak am See

ESKIMO

Brauchtum und Traditionen

63 Ein buntes Fest – der Villacher Kirchtag

Die gesamte Villacher Innenstadt verwandelt sich jedes Jahr in der ersten Augustwoche in ein einziges Festgelände, auf dem ausgelassene Feierlichkeiten im Mittelpunkt stehen. Der Villacher Kirchtag mit seiner Brauchtumswoche gilt als bekannteste und wichtigste Brauchtumsveranstaltung in Österreich. Die fröhliche Atmosphäre mitten im Sommer zieht nicht nur Einheimische, sondern auch zahlreiche internationale Besucher an. Jeder trägt Tracht und auf vielen Bühnen in der Innenstadt wird musiziert und getanzt. Eine einzigartige Atmosphäre liegt über der Stadt.

Für Glücksmomente sorgt zweifelsohne der Genuss der berühmten Kärntner Kirchtagssuppe am Villacher Kirchtag. Die herzhafte Suppe besteht aus einer Fleischbrühe, saurer Sahne, Safran, Gewürzen, vier Sorten Fleischeinlage (Rind, Schwein, Lamm und Huhn) und Nigalan, ein kleines Gebäck aus Hefeteig. Bei der Zubereitung der Suppe gibt es regionale Unterschiede. Diese heiße Suppe kann nach einer durchfeierten Nacht wahre Wunder wirken und dabei helfen, einen Kater zu lindern. Eine Sünde wert ist auch der Kärntner Reindling, ein süßes Hefegebäck, das zur Suppe gereicht wird. An zahlreichen Ständen und in den vielen Gasthäusern der Innenstadt können sich Kirchtagsbesucher mit diesen Köstlichkeiten verwöhnen lassen.

TIPP

Eine typische Kirchtagssuppe mit Kärntner Reindling gibt es im Restaurant Charles am Hauptplatz.

Eine lange Tradition in Villach ist das „Kirchtagsladen“ der Mitglieder Villacher Bauerngman. Die Männer und Frauen tragen typische und aufwendige Trachten und ziehen durch die Stadt und das Umland, um die Bevölkerung mit einem Tusch hochleben zu lassen und zum Kirchtag einzuladen. Der Villacher Kirchtag ist mehr als nur eine Veranstaltung – er ist ein Fest der Kärntner Kultur, der Musik und des fröhlichen Miteinanders. Inmitten der Kulisse der Villacher Altstadt erwartet die Besucher eine unvergessliche Zeit, in der sie die Gelegenheit haben, die Vielfalt und Herzlichkeit dieser Region zu erleben. Ein Besuch beim Villacher Kirchtag ist ein absolutes Muss für all jene, die das traditionelle Kärnten erleben möchten.

- Villacher Kirchtag, 9500 Villach
- ÖPNV: Haltestelle Gerbergasse

Speckbrot

Oase im Villenviertel

64

Botanischer Garten in Klagenfurt

Das Rauschen des Wasserfalls wird nur vom fröhlichen Quaken der Frösche durchbrochen. Es ist Frühling im Botanischen Garten in Klagenfurt. Die Luft ist erfüllt vom intensiven Duft des Flieders, während die Rhododendren den Garten mit ihrer pinken, orangenen und roten Blütenpracht überziehen. Zahlreichen Bänke entlang verschlungener Pfade sowie in sonnigen und schattigen Ecken laden zum Verweilen ein. Der Botanische Garten in Klagenfurt ist ein Ort der Ruhe, an dem man die Seele baumeln lassen und neue Energie tanken kann.

Dieses grüne Refugium liegt am Fuße des Kreuzbergls, dem Stadtwald von Klagenfurt, und ist in einen historischen Steinbruch eingebettet. Der eindrucksvolle Wasserfall zieht sofort die Aufmerksamkeit auf sich und bildet das Herzstück des Gartens. Umgeben von felsigen Kulissen wurden Bäche, Teiche und Höhlen geschaffen. Der Garten bietet eine Fülle von Entdeckungen für Besucher jeden Alters. Das große Sukkulentenquartier, der liebevoll angelegte Bauerngarten und die nach Klimazonen gestalteten Themenbereiche mit exotischen Pflanzen ermöglichen vielfältige Einblicke in die faszinierende Welt der Botanik.

Der Botanische Garten ist ein Ort des Innehaltens, des Naturgenusses und der Regeneration. Er lädt das ganze Jahr über Besucher ein, sich von der Schönheit der Pflanzenwelt verzaubern zu lassen. Besonders im Sommer, wenn die Vegetation in voller Blüte steht, wird der Garten zu einer kühlen Oase inmitten der sommerlichen Stadt. Die Mischung aus natürlicher Schönheit, botanischer Vielfalt und der beruhigenden Präsenz des Wasserfalls macht diesen Ort zu einem wahren Kraftort. Mit einem Buch oder der Lieblingszeitschrift in der Hand verweilt man gerne hier, umgeben von der Musik der Natur. Der Botanische Garten in Klagenfurt ist ein Ort der Harmonie, an dem man die Hektik des Alltags hinter sich lassen und sich der Magie der Pflanzenwelt hingeben kann. Es ist ein Ort, der Körper und Geist erfrischt und einen Hauch von Magie in den Alltag bringt.

TIPP

Es gibt keine Gastronomie vor Ort. An heißen Tagen unbedingt Getränke mitnehmen!

● Botanischer Garten, Prof.-Dr.-Kahler-Platz 1, 9020 Klagenfurt am Wörthersee
www.kaernten.at/sehenswertes/museen/botanischer-garten
● ÖPNV: Haltestelle Kreuzbergl

Karibikfeeling pur

65 Unberührte Natur auf der Pörtschacher Halbinsel

Inmitten des turbulenten Treibens am mondänen Wörthersee sind auch besondere, naturbelassene Oasen der Ruhe zu finden. Die Pörtschacher Halbinsel und die dazugehörige Blumeninsel wurden bereits im Jahr 1970 zum Landschaftsschutzgebiet erklärt. Die Pfade, die sich durch das üppige Grün der Parkanlagen auf der Halbinsel schlängeln, laden zum Abschalten und Verweilen ein. Alte, knorrige Bäume stehen wie stille Wächter entlang der Wege und bewahren die Geheimnisse vergangener Zeiten. Der schützenswerte Schilfgürtel rund um die Halbinsel ist ein wichtiger Rückzugsort für Wasservögel, Nattern und viele Fischarten. Das Wasser des Wörthersees umspült die Pörtschacher Halbinsel in seinen schönsten Farbnuancen von Azurblau bis Türkis. Diesen Ausblick auf das karibische Farbenspiel genießt man am besten vom Pavillon am Landspitz aus. Nur wenige Schritte davon entfernt ist der Peter Alexander Steg. Die Schiffsanlegestelle der Wörthersee Schifffahrt ist dem berühmten österreichischen Entertainer gewidmet, der auch eine Villa am Wörthersee sein Eigen nennen durfte.

Die 2 Kilometer lange Blumenpromenade, die am See entlangführt, und der naturbelassene Landspitz sind ideal für verträumte und entspannte Spaziergänge. Dabei können auch die prachtvollen Villen bestaunt werden, die zur berühmten, historischen Wörthersee-Architektur zählen. Die wohltuende Seeluft und das fast schon mediterrane Klima wirken sich positiv auf das Wohlbefinden aus und streicheln die Seele.

Das Promenadenbad Pörtschach garantiert Sommerfeeling und Badespaß. Die Lage ist einzigartig mit ihrem Übergang über die 100 Meter lange Bogenbrücke bis zur Blumeninsel. Die Wasserrutsche mit Sprungturm sowie das große Angebot an Wassersportmöglichkeiten machen Pörtschach zu einem beliebten Treffpunkt im Sommer. Von Juli bis August wird an der Promenade viel geboten: Mittwochs warten Gaukler und Straßenkünstler auf die Besucher, es gibt auch regelmäßig Konzerte und Livemusik.

TIPP

Der stille Advent macht die Halbinsel zu einem besinnlichen, stimmungsvollen Ort in der Vorweihnachtszeit.

- Pörtschacher Halbinsel, 9210 Pörtschach am Wörthersee
- ÖPNV: Bahnhof Pörtschach am Wörthersee

Klettern für Einsteiger

66 Die Peterlewand am Ossiacher See

Idealerweise genießt man beim Pavillon Peterlewand den Sonnenaufgang, wenn die Natur mit einem zauberhaften Farbenspiel erwacht und die Sonnenstrahlen sich behutsam über die Konturen des Ossiacher Sees legen. Dafür muss man besonders im Sommer schon sehr früh auf den Beinen sein, um die Stille und dieses Naturschauspiel genießen zu können. Tagsüber herrscht dann reger Betrieb beim Holzturm mit Blick auf den Ossiacher See.

Der Klettergarten Peterlewand ist ein beliebtes Ausflugsziel für sportbegeisterte Familien. Kurz nach dem Urbani Wirt befindet sich der kleine Parkplatz des Klettergartens. Von hier aus sind es nur wenige Minuten bis zum Einstieg. Auf vielen Routen in unterschiedlichen Schwierigkeitsgraden können Kletteranfänger die Technik erlernen und dabei die Natur in vollen Zügen genießen. Die Wege sind gut ausgeschildert und die Umgebung bietet eine ideale Kulisse für Natur- und Sportbegeisterte. Die Steige im Felsen eröffnen neue und herausfordernde Perspektiven, während der Aussichtsturm einen schönen Blick über den Ossiacher See bis zum Bleistätter Moor gewährt. Es werden auch Kurse angeboten, Informationen dazu gibt es auf den Infotafeln am Parkplatz.

Für alle, die auf das Klettern verzichten wollen, führt ein kurzer, steiler Wanderweg zum Pavillon hinauf. Dort gönnt man sich dann die wohlverdiente Pause, genießt die Aussicht auf Bodensdorf, Ossiach und Steindorf und lässt die Schönheit und Ruhe der Natur auf sich wirken. Die Einkehr beim Urbani Wirt rundet das Outdoorerlebnis perfekt ab. Das traditionsreiche Gasthaus, geführt in sechster Generation, verspricht einen authentischen Einblick in die Kärntner Gastfreundschaft. Das urige Zirbenstüberl oder das gemütliche Kaminzimmer laden zum Verweilen ein. Die Speisekarte verwöhnt mit traditionellen Wirtshausgerichten und regionalen Kärntner Spezialitäten, während besondere Anlässe im modernen Saal oder hauseigenen Weinkeller gebührend gefeiert werden.

- Klettergarten Peterlewand hinter dem Urbani Wirt, Bundesstraße West 50, 9551 Bodensdorf
- ÖPNV: Bahnhof St. Urban/Ossiacher See

DYNAFIT

Tanzender Holzturm

67

Der Aussichtsturm am Pyramidenkogel

Auf dem Gipfel des Pyramidenkogels wurde im Jahr 2013 ein neu erbauter Aussichtsturm eröffnet. Mit 100 Metern Höhe ist er der höchste aus Holz errichtete Aussichtsturm der Welt. Auf knapp 71 Meter Höhe befindet sich die höchste der drei Besucherplattformen. Diese kann mit einem Lift oder zu Fuß über 441 Stufen erreicht werden. Der gedrehte Holzaussichtsturm erhebt sich majestätisch über die smaragdgrünen Wälder und die sanften Hügel Kärntens. Ein architektonisches Meisterwerk, das nicht nur in seiner Konstruktion, sondern auch in seiner Lage eine unvergleichliche Harmonie mit der umgebenden Natur zu finden scheint.
Das aus einem Architekturwettbewerb hervorgegangene Projekt hat sich in kürzester Zeit als Wahrzeichen Kärntens etabliert. Die Spiralform steht symbolisch für Wachstum und Entwicklung. Angelehnt an einen weiblichen Torso (inspiriert von einer tanzenden Ballerina) und in heimischer Lärche und Stahl ausgeführt, bildet die Skulptur einen touristischen Anziehungspunkt der besonderen Art. Denn ein Kärntenurlaub ohne nicht einmal auf dem Holzturm gewesen zu sein, ist schier unmöglich! Einen besonderen Kick bietet die Rutsche, die aus 52 Metern Höhe auf einer Länge von 120 Metern ins Erdgeschoss führt. Dabei können bei einer Rutschdauer von 20 Sekunden Geschwindigkeiten von etwa 25 Stundenkilometern erreicht werden.

TIPP
Ganzjährig geöffnet. Viele Veranstaltungen finden hier statt, besonders stimmungsvoll ist der Adventmarkt.

Das Holz trägt mittlerweile die Spuren von Wind und Wetter und erzählt die Geschichten von den zahlreichen Besuchern, die bereits gekommen sind, um die Schönheit des einzigartigen 360-Grad-Rundblicks auf Kärntens wunderbare Seen- und Berglandschaft zu genießen. Mit jedem Schritt nach oben enthüllt sich ein neues, beeindruckendes Bild der umliegenden Landschaft. Hoch über den Baumkronen fühlt es sich an, als würde die Zeit stillstehen. Der Aussichtsturm ist ein Platz, an dem die Schönheit der Landschaft mit dem Glücksgefühl seiner Besucher verschmilzt. Ein Ort, der dazu einlädt, die Sinne zu öffnen und die unendliche Pracht der Welt zu bestaunen.

- Aussichtsturm Pyramidenkogel, Linden 62, 9074 Keutschach am See
www.pyramidenkogel.info
- ÖPNV: Haltestelle Pyramidenkogel (Mai bis September)

Nur Fliegen ist schöner

68 Auf dem Skywalk Villacher Alpenstraße

Oft muss man eine andere Perspektive einnehmen, um die Welt in all ihrer Pracht zu sehen. Eine Fahrt über die sieben Kehren der Villacher Alpenstraße in den Naturpark Dobratsch ist wie eine Reise zu den verborgenen Schätzen unserer Seele. Kärntens ältestes Naturschutzgebiet öffnet seine Tore für jene, die nach unvergesslichen Erlebnissen und atemberaubenden Landschaften suchen, die das Herz berühren. Die Bergstraße erstreckt sich über 16,5 Kilometer und führt die Entdecker auf eine Höhe von 1700 Metern über dem Meeresspiegel.
Dort oben, auf dem exponierten Dobratsch, dem Hausberg der Villacher, breitet sich eine Welt aus, die einen staunen lässt. Die Aussicht erstreckt sich weit über die Grenzen Kärntens hinaus und schenkt unvergessliche Blicke in Richtung Italien und Slowenien. Für diejenigen, die von Blumen und ihrer Schönheit begeistert sind, ist ein Besuch des Alpengartens ein absolutes Muss. Hier gedeihen rund 800 alpine Pflanzen aus verschiedenen Klimazonen und erfüllen die Luft mit ihrem betörenden Duft. Die majestätischen Berge erheben sich in ihrer ganzen Pracht, man ist überwältigt von ihrer Erhabenheit.
Man könnte versuchen, diesen Moment mit einer Kamera einzufangen, doch schnell erkennt man, dass dies unmöglich ist. Stattdessen versucht man, diesen Anblick tief in der Seele zu bewahren. Die barrierefreie Aussichtsplattform der Roten Wand schenkt jedem diese magischen Momente und das Gefühl, die Welt aus der Vogelperspektive erleben zu können. Die Fernsicht gibt den atemberaubenden Blick auf die Karawanken und die schroffen Julischen Alpen frei. Für den Blick 400 Meter in die Tiefe des Abgrunds sollte man schwindelfrei sein. Der Dobratschgipfel kann Sommer wie Winter (mit Tourenskiern oder Schneeschuhen) erobert werden. Über die Baumgrenze hinweg, begleitet von einem unvergleichlichen Panorama, erreicht man das Dobratsch Gipfelhaus und zwei Wallfahrtskirchen.

● Skywalk Villacher Alpenstraße, Kassenstelle Möltschach, Villacher Alpenstraße 11, 9500 Villach, Tel. +43 (42 42) 5 53 09
www.villacher-alpenstrasse.at

Glücksbubbles mit Eis

69

Bei „Rosamunde – Platzhirsch am See“ in Velden

Die bezaubernde Genussbar und Eisdiele „Rosamunde – Platzhirsch am See“ ist ein kleines Naschparadies im Herzen von Velden am Wörthersee. Hier wartet eine unwiderstehliche Vielfalt an Eissorten und köstlichen Leckereien, die nicht nur Naschkatzen, sondern auch Genießerherzen höherschlagen lassen. Von verlockenden Eisbechern bis hin zu zarten Macarons, verführerischen Cake Pops und gefüllten Stanitzeln findet jeder seine Seelennahrung.

Das Herzstück des Angebots sind zweifellos die kunstvoll kreierten Bubble Waffeln: frisch gebackene, warme Waffeln, üppig verziert mit einer Fülle von Früchten, Eis, fruchtigen Saucen, verlockender Schokolade, cremigem Schlagobers und knusprigen Keksen. Ein wahres Urlaubserlebnis für die Augen und die Sinne! Jeder einzelne Bissen ist ein Stück vom Glück. Kleiner Tipp am Rande: Die Waffeln machen pappsatt und sollten nur mit einem sehr großen Hunger verzehrt werden. Den krönenden Abschluss nach der süßen Versuchung bietet dann zweifelsohne die Möglichkeit, sich mit unwiderstehlichen Cocktailkreationen oder einem erlesenen Champagner verwöhnen zu lassen.

TIPP

Mittwochs gibt es im Sommer frische Austern, Meeresfrüchte und Livemusik.

Seit der Eröffnung im Juni 2023 hat sich dieses elegante und kreative Szenelokal zu einem Liebling der Veldenbesucher entwickelt. Die Wände zieren die faszinierenden Kunstwerke der Besitzerin Maria Böhmer und sie verleihen dem Ort seinen unvergleichlichen Charme. Namensgeberin dieses trendigen Lokals ist übrigens Rosamunde, ein weiblicher Zebrahirsch und das einstige Maskottchen der Vorbesitzer-Eisdiele. Goldene Hirschkühe schmücken zusätzlich die Decke und sorgen für ein besonderes Flair. Die vielfältige Speisekarte wird von hausgemachten Köstlichkeiten dominiert.

Unbedingt probiert werden muss der exquisite Kaffee, der in Zusammenarbeit mit den Villacher Kaffeemachern kreiert wurde und auch im hauseigenen Shop erhältlich ist. Darüber hinaus bietet sich eine Vielzahl an Dekoartikeln, Ölen, Salzen und köstlichem Eingemachten als schöne Mitbringsel an.

- Rosamunde – Platzhirsch am See, Am Corso 25, 9220 Velden am Wörthersee, Tel. +43 (42 74) 5 20 46, www.platzhirsch.cc/rosamunde
- ÖPNV: Haltestelle Busbahnhof (Villacher Straße)

Faszinierende Kraftquelle

70 An der Rosaliengrotte am Hemmaberg

Im Vorfeld der Karawanken, westlich von Globasnitz, erhebt sich der 842 Meter hohe Hemmaberg im Südkärntner Jauntal. Auf dem Gipfelplateau befand sich einst ein keltisches Heiligtum. Heute sind die archäologischen Ausgrabungsstätten mit Überresten einer Kirche aus dem Jahr 400 nach Christus und die Wallfahrtskirche der heiligen Hemma und Dorothea, erbaut um 1500, ein beliebtes Ausflugsziel. Der Hemmaberg ist einer der ältesten Wallfahrtsorte Europas und eine Station des Hemmapilgerwegs. Hemma von Gurk war eine Adelige, die 1938 heiliggesprochen wurde und als Schutzpatronin von Kärnten verehrt wird.

Ein kurzer Weg durch ein Waldstück führt zur Rosaliengrotte, die als besonderer Kraftort gilt und von Mystik und faszinierenden Legenden umgeben ist. Die Quelle in der Grotte zieht Pilger und Suchende, die nach innerer Einkehr streben, seit Jahrhunderten an. Sie wird wegen ihrer Heilkräfte, insbesondere bei Augenleiden, verehrt und soll ähnliche Strahlenfelder wie der Ort Lourdes in Frankreich aufweisen. Einheimische und Besucher, ob aus religiösen Gründen oder aus Neugierde, pilgern zum Hemmaberg, um Blumen niederzulegen, Kerzen zu entzünden und sich etwas vom wohltuenden Wasser abzufüllen. Die mystische Sage um die heilige Rosalia sorgt dafür, dass die Grotte seit 300 Jahren der Verehrung und Anbetung dient. Die Geschichte erzählt von der wundersamen Rettung einer Jungfrau durch Rosalia, die vor den Annäherungen eines aufdringlichen Burschen flüchtete und in die Tiefe stürzte. In den Felsen wurde eine hölzerne Kapelle errichtet, welche die liegende Statue der ehrwürdigen Rosalia beherbergt.

Unter ihr entspringt die heilende Quelle. Die Rosaliengrotte ist Teil des Meditationspfads „Ad fontes", gestaltet von Valentin Oman. Der Hemmaberg mit der Rosaliengrotte ist ein mystischer Platz voller Geheimnisse und spiritueller Inspiration. Unabhängig von den Legenden, die sich um diesen Ort ranken, ist es ein wunderschönes Ausflugsziel, das einmalige Ausblicke in das Jauntal bietet.

TIPP

Die Sommerlinde am Hemmaberg ist ein Naturdenkmal und über 530 Jahre alt.

● Rosaliengrotte am Hemmaberg, vom Schloss Elberstein in Globasnitz der beschilderten Straße bis zum Parkplatz folgen, 9142 Globasnitz

Mondänes Flanieren

71

Auf der Veldener Promenade

In Velden am Wörthersee pulsiert das Herz des Kärntner Sommertourismus. Luxuriöse Hotels, Boutiquen und das berühmte Casino locken die Gäste an und machen die Promenade zum teuersten Pflaster am See. Der Ort, ein Paradies für pures Sommervergnügen am türkisblauen See, hat sich zum Hotspot des internationalen Tourismus und zum *Liebkind* der Schickeria entwickelt. Für Aufschwung sorgte in den 1990er-Jahren die Serie „Ein Schloß am Wörthersee" mit Roy Black und Uschi Glas als Hauptdarsteller vor der Kulisse des Schlosshotels direkt an der Promenade. Das Hotel war einst ein Lustschloss und Treffpunkt der Aristokratie. Mittlerweile wurde es zum luxuriösen Fünfsternehotel mit modernen Apartments und Spa umgebaut.
Der Seecorso ist eine der beliebtesten Flaniermeilen Kärntens. Diese Uferpromenade erstreckt sich entlang der Südseite des Sees und bietet einen herrlichen Blick auf den glitzernden See und die umliegende Landschaft. Charmante Cafés, Restaurants und Bars reihen sich aneinander und bieten eine Vielzahl an kulinarischen Genüssen. Die Promenade ist ein Treffpunkt für Einheimische und Touristen gleichermaßen. Während des Sommers finden hier regelmäßig Veranstaltungen, Konzerte und Festivals statt, die eine lebendige Atmosphäre schaffen und die Besucher dazu einladen, Teil des mondänen Lebens am Wörthersee zwischen Mai und Oktober zu werden. In der Vorweihnachtszeit verwandelt sich Velden in ein romantisches Wunderland. Der „Veldener Advent" erstreckt sich durch die gesamte Stadt. Weihnachtlich geschmückte Stände bieten traditionelle Leckereien und dampfenden Glühwein. Überall verbreitet sich festliche Stimmung und kunstvolle Dekorationen laden dazu ein, Freunde und Familie mit besonderen, handgemachten Geschenken zu überraschen.
Von *Jänner* bis Ende April ist es dann ruhiger an der Promenade. Vereinzelt sitzen Menschen auf den Bänken in der Sonne, um die beruhigende Stille des Wassers und den einzigartigen Ausblick auf die Veldener Bucht zu genießen.

TIPP

Der Aussichtspunkt Villa Martha bietet einen Picknickplatz mit Blick auf die Promenade.

- Veldener Promenade, Seecorso, 9220 Velden am Wörthersee
- ÖPNV: Bahnhof Velden/Wörthersee, ca. 700 Meter Fußweg

Monumentales Paradies

72

Am Stappitzer See im Seebachtal

Der Stappitzer See, ein Überbleibsel der letzten Eiszeit, liegt im Seebachtal, das eine monumentale Schönheit und Unberührtheit verkörpert. Dieses Naturjuwel erinnert in seinem Charakter an das weltberühmte Yosemite Valley in Kalifornien. Es ist ein Rückzugsort für Naturliebhaber und kann mit seiner herrlichen Kulisse als Paradies auf Erden bezeichnet werden. Das kristallklare, türkise Wasser des Seebachs lädt zu gemächlichen Uferspaziergängen ein, während die umliegende Bergwelt zu Wanderungen animiert.

Obwohl Wassersport hier keine Option ist, schenkt der See Ruhe und Frieden für all jene, welche die Natur in ihrer reinsten Form erleben möchten. Riesige Berggipfel des Nationalparks erheben sich rund um das Seebachtal. Was für ein Anblick und was für ein Ausblick, der unbedingt von einem der vielen Rastplätze aus genossen werden sollte. Besondere Erlebnisse auf der Wanderung sind der Schleierwasserfall, wo mit Glück Bartgeier zu sehen sind, sowie faszinierende Naturphänomene wie der „betende Wald" und das geheimnisvolle Eisloch. Zwischen den Felsen strömt kalte Luft hervor – ein mystisches Phänomen und eine willkommene Abkühlung.

Der Parkplatz bei den Ankogel Bergbahnen bietet einen perfekten Startpunkt für die Erkundung des Seebachtals. Entlang eines barrierefreien Schotterwegs, passend für Kinderwagen und Rollstühle, offenbart sich das hochalpine Tal mit dem Naturjuwel Stappitzer See. Hier führt zudem ein Naturlehrpfad entlang, der mit 18 Stationen faszinierende Einblicke in die alpine Flora und Fauna gewährt. Das Naturdenkmal Stappitzer See ist eine bedeutende Raststätte für Zugvögel und ein magischer Platz für Vogelbeobachtungen mit vielen ornithologischen Highlights. Auf den saftigen Wiesen am See trifft man friedlich weidende Herden von Rindern und Pferden mit ihrem Nachwuchs. Einer Sage nach soll sogar der Lindwurm, das Wahrzeichen Klagenfurts, im Stappitzer See aus dem Ei geschlüpft sein und sich von da seinen Weg nach Klagenfurt gebahnt haben.

TIPP

Im Zentrum von Obervellach ziert ein künstlerisch gestalteter Lindwurm eine ganze Hausfassade.

- Stappitzer See im Seebachtal, Ausgangspunkt für die Wanderung am Parkplatz Ankogelbahn, Stappitz 87 (Talstation), 9822 Mallnitz
- ÖPNV: Haltestelle Seebachtal Ankogelbahn Station

Das Glück der Stille

73 Im Friedensforst am Sternberg

Der Sternberg war schon während der Römerherrschaft in Kärnten eine bedeutende Kultstätte. Ein heidnischer Tempel zu Ehren einer keltischen Göttin gilt als erste Befestigung am Sternberg. Im Mittelalter wurden eine Burg und die Kirche St. Georg errichtet. Die jetzige Pfarrkirche wurde im gotischen Stil erbaut, wobei Teile aus der Römerzeit noch erhalten sind. Der exponiert gelegene Sternberg bietet einen atemberaubend schönen Ausblick auf die Region Villach mit dem Dobratsch sowie auf die Gebirgsketten der Karawanken und Julischen Alpen. Wanderer und Spaziergänger suchen gerne den Pfad zum Sternberg, um von diesem erhabenen Aussichtspunkt die Schönheit der Natur zu erleben.

Umgeben von einem herrlichen Buchenwald, dessen Bäume bis zu 200 Jahre alt sind, wird der Sternberg zu einem Ort des Wohlbefindens, der Achtsamkeit und inneren Einkehr. Hier am Sternberg befindet sich auch ein konfessionsloser Friedensforst – ein Ort, wo Verstorbene wieder eins mit der Natur werden können und somit ein Teil des ewigen Kreislaufs. Diese alternative Bestattungsform im Friedensforst ermöglicht die Beisetzung der Asche in biologisch abbaubaren Urnen an den Baumwurzeln. Die Natur übernimmt im Friedensforst die Grabpflege, während Hinterbliebene und Besucher Trost in den wechselnden Jahreszeiten finden. Die aufwendige Grabpflege entfällt, was zugleich einen Schritt zur neuen Bescheidenheit im manchmal übertriebenen Gräberkult bedeutet. Die Gestaltung der Beisetzung bleibt den Wünschen der Verstorbenen oder Angehörigen überlassen, auch freie Bestattungen sind möglich. Ein schlichtes Namensschild in den Gedenktafeln mit Geburts- und Sterbedatum erinnert an die Verstorbenen.

Ein Friedhof wird somit nicht nur zum Ort der Trauer, sondern auch zu einem Kraftort, an dem Glück in der Stille und in der Kraft der Natur gefunden werden kann.

TIPP

Unbedingt im Gasthaus Messnerei am Sternberg einkehren und regionale Küche auf Haubenniveau genießen.

● Friedensforst am Sternberg, Sternberger Straße 19, 9241 Wernberg

Waldbühne mit Seeblick

74 Zwergsee-Rundwanderung am Millstätter See

Die Kurzwanderung am Millstätter See ist ein wunderbares Erlebnis voller Magie und tiefer Entspannung. Auf einer Strecke von etwa 3,6 Kilometern führt der Rundweg durch verzauberte Waldpfade, entlang ruhiger Waldseen und bietet dabei atemberaubende Blicke auf den Millstätter See. Diese Wanderung ist perfekt für die ganze Familie und bietet ausreichend Abwechslung, sodass auch den kleinen Wanderern viele Abenteuer geboten werden. Dabei vereint sie auf sanfte Weise die idyllische Seenlandschaft mit der majestätischen Bergkulisse des Millstätter Sees und schenkt unvergessliche Momente, in denen man ganz bei sich sein kann.

Der Weg beginnt im malerischen Dorf Kleindombra und führt durch die Mischwälder des Millstätter Plateaus. Am Parkplatz Kalvarienberg lohnt sich ein Besuch der Kalvarienbergkapelle. Dieses offen gestaltete Kulturjuwel bietet einen faszinierenden Ausblick auf den See und heißt jeden Besucher herzlich willkommen. Der angrenzende Friedhof strahlt eine erhabene Ruhe über dem türkisblauen See aus. Entlang des Wegs passiert man hübsche Häuser und prächtige Gärten, bevor man in einen verzauberten Mischwald eintaucht. Zahlreiche Bänke im Wald laden zur Rast ein und ermöglichen entspannte Augenblicke der Stille. Ein Höhepunkt ist die Waldbühne, eine Aussichtsplattform mit faszinierendem Panoramablick auf den Millstätter See und das Bergpanorama. Dieser Ort beflügelt seine Besucher besonders bei Sonnenauf- oder -untergang auf eine einzigartige Weise. Der Weg führt zum idyllischen Zwergsee, einem weiteren Kraftort mit Picknickmöglichkeiten im Herzen des Waldes. Über eine kleine Steigung gelangt man zu Waldpfaden, die zum Klieberteich leiten und von dort aus zurück nach Kleindombra. Die Wälder und Landschaften rund um den Millstätter See liefern eine Art Seelennahrung, die einen mit tiefer Zufriedenheit erfüllt. Sie laden dazu ein, die heilsame Kraft der Natur in vollen Zügen zu genießen.

● Zwergsee-Rundwanderung, Ausgangspunkt am Kalvarienbergparkplatz, 9872 Millstatt am See, www.kaernten.at/slowtrails
● ÖPNV: Haltestelle Kalvarienberg

Einmal um die Welt

75 Der Minimundus-Miniaturpark am Wörthersee

Eine Weltreise an nur einem Tag? Das ist bei einem Besuch von Minimundus, dem faszinierenden Themenpark in Klagenfurt, möglich. Die großzügige Indoorerlebniswelt bietet Abenteuerstationen, an denen Kinder und Erwachsene spielerisch gestaltete Aufgaben lösen können, während sie Wissen und faszinierende Informationen über Kuriositäten aus aller Welt entdecken. Das Herzstück des Parks sind die 160 detailgetreuen Modelle der schönsten Monumente der Welt.

Die lebendige Gestaltung von Minimundus macht die Reise um die Welt zum wahren Abenteuer. Dampfende Eisenbahnen drehen ihre Runden, die Schwebebahn folgt ihrer Spur. Wenn dann die Erde zu beben beginnt, ist es so weit: Der stündliche Start des Spaceshuttles sorgt für eindrucksvolle Erlebnisse! Die zahlreichen Animationen im Minimundus begeistern Jung und Alt. Auch Hunde sind willkommen und dürfen gerne mitreisen.

Eingebettet in einer gepflegten Parklandschaft von 26.000 Quadratmetern präsentieren sich Modelle von Gebäuden, Zügen, Schiffen und Brücken aus allen Teilen der Welt im Maßstab 1:25. Diese Modelle sind akribisch nach echten Plänen und aus Materialien wie Marmor, Sandstein oder Lavabasalt bis ins kleinste Detail nachgebildet. Der Besuch von Minimundus ist eine Quelle der Inspiration für Weltenbummler und solche, die es werden möchten. Die Ausstellung im Freigelände ist besonders beeindruckend, wenn man einige der dargestellten Monumente bereits in natura erlebt hat. Man wird hier sehr dazu verleitet, eine Liste jener Orte zu erstellen, die man im Laufe seines Lebens unbedingt einmal besuchen möchte.

Die meisten der ausgestellten Modelle repräsentieren österreichische oder deutsche Attraktionen, darunter das wunderschöne Schloss Neuschwanstein und das Wiener Schloss Belvedere. Darüber hinaus können Besucher die berühmte Sagrada Família in Barcelona bewundern, den Pariser Eiffelturm, das imposante Taj Mahal oder die Freiheitsstatue von New York. Eines der neuesten Modelle ist die sinkende Titanic.

TIPP

Der Reptilienzoo Happ und das Planetarium befinden sich gleich neben dem Minimundus.

- Minimundus, Villacher Straße 241, 9020 Klagenfurt am Wörthersee, Tel. +43 (4 63) 21 19 40, www.minimundus.at
- ÖPNV: Haltestelle Minimundus oder Bahnhof Klagenfurt West

Abkühlung mit Bergblick

76 Im Naturschwimmbad Waldbad Mauthen

Im malerischen Bergsteigerdorf Mauthen ist am Fuße des Polinikmassivs ein ganz besonderer Ort zu finden: das seit über 100 Jahren bestehende Waldbad. Wie ein gut behüteter Schatz liegt es abseits von Durchgangsstraßen, Autolärm und hektischem Treiben am Valentinbach, der gleich daneben fließt. Hier, im liebevoll als „Mauthner Badl" bekannten Naturparadies, verschmilzt die Schönheit der Landschaft, die es umgibt, mit dem freudigen Lachen von Kindern, die sich in der Anlage vergnügen.

Becken für die Kleinen, ein Schwimmbecken für Erwachsene, ergänzt durch breite Holzstege und sorgfältig gepflegte Liegewiesen sorgen für Abkühlung und jede Menge Glücksmomente an heißen Sommertagen. Kiesstrände, Sitzgelegenheiten und Liegen sowie eine Wasserfläche von 1700 Quadratmetern mit kristallklarem Wasser erwarten die Besucher. Es ist eine Oase der Entspannung für Einheimische und Gäste gleichermaßen, die jeden Erholungsuchenden begeistert. Wunderschöne Seerosen, Schilf und viele weitere Wasserpflanzen zieren die Beckenränder. Nach einer erlebnisreichen Wanderung oder einer ausgedehnten Radtour durch die bezaubernde Umgebung bietet das Naturschwimmbad eine wohltuende Erfrischung. Es ist der perfekte Ort, um nach einem Tag voller Aktivitäten in der Natur zu entspannen und die müden Muskeln im klaren Wasser zu beleben.

Das einst errichtete Waldbad stand Mitte der 1990er-Jahre vor dem Aus, doch durch die beherzte Initiative der Bürger und der Gemeinde wurde es zu einem modernen Naturschwimmbad umgestaltet. Die Gemeinde übernahm den Umbau, während ein engagierter Verein seitdem für den Betrieb, die Aufsicht und die liebevolle Pflege sorgt. Und selbst im Winter, wenn die Kälte Einzug hält, verwandelt sich dieser Ort zu einem Treffpunkt für Jung und Alt im Dorf, wenn die Anlage genutzt wird, um einen Eislaufplatz zu errichten – ein Ort, den man nicht so schnell vergisst, wenn man hier einmal die Ruhe und Erholung erlebt hat.

TIPP
Snacks mitnehmen, vor Ort gibt es nur Eis und Getränke!

- Naturschwimmbad Waldbad Mauthen, Mauthen 261, 9640 Kötschach-Mauthen, Tel. +43 (47 15) 85 13 35, www.naturschwimmbad-waldbad-mauthen.at
- ÖPNV: Bahnhof Kötschach-Mauthen, ca. 1,8 Kilometer Fußweg

Brunchen am See

77 Das Café-Bistro KAP 4613 im Millstätter See

Eine architektonisch auffällige Bar im See, umgeben von einer sandbedeckten Terrasse, die sich bis ans Ufer erstreckt. Gemütliche Loungemöbel laden förmlich dazu ein, die Füße in den Sand zu stecken und die Seele baumeln zu lassen. Schon von Weitem ist das KAP 4613 sichtbar, die Feuerinsel und Pyramide im Millstätter See in Millstatt. 4613 sind die Koordinaten, an denen das Restaurant ganzjährig zum Chillen und Genießen direkt am Wasser einlädt. Es ist ein Ort, der von Sonnenaufgang bis Sonnenuntergang die Sinne seiner Besucher weckt und zum Verweilen einlädt.

Direkt am Ufer des Millstätter Sees eignet sich das KAP während einer Radtour um den See perfekt für eine Verwöhnpause, ein gemeinsames Frühstück mit Freunden oder für ein romantisches Treffen bei Sonnenuntergang. Hier scheint die Zeit stillzustehen und die einzigartige Kulisse aus See und Bergen berührt die Seele und umhüllt seine Besucher mit einem wohligen Glücksgefühl. Die Sonne spiegelt sich auf dem Wasser, während man auf der Sonnenterrasse Platz nimmt, um hausgemachte Kuchen und wärmende Heißgetränke zu genießen. Das Restaurant verkörpert das Leben im Einklang mit einer gesunden und ausgewogenen Küche.

Unter der Woche lockt ein vielfältiges Frühstücksbuffet, während an Wochenenden und Feiertagen ein umfangreiches Brunchangebot bis zum Mittag offeriert wird, das nahtlos in ein gesundes Tagesbuffet mit Minimahlzeiten bis zum späten Nachmittag übergeht. Dabei stehen einfache und von Hand zubereitete Köstlichkeiten im Mittelpunkt, die Energie für den Tag schenken. Im KAP 4613 werden die Gäste mit frischen, kreativen Gerichten verwöhnt, die aus sorgfältig ausgewählten Produkten ohne künstliche Zusatzstoffe zubereitet werden. Im Fokus stehen kohlenhydratarme, pflanzenbasierte und glutenfreie Speisen, die sich an den Prinzipien der Fünf-Elemente-Küche und der Traditionellen Chinesischen Medizin orientieren.

TIPP

Reservierung empfehlenswert. Die Minimahlzeiten vom Lunchbuffet werden auch to go angeboten.

- Café-Bistro KAP 4613, Kaiser-Franz-Josef-Straße 330, 9872 Millstatt am See, Tel. +43 (6 64) 3 88 83 18, www.kap4613.at
- ÖPNV: Haltestelle Strandbad

Ort der stillen Einkehr

78 Zum Frohnkirchl im Lesachtal

Vor dieser kleinen Kapelle zu sitzen, ist wie eine Reise zu den eigenen Wurzeln. Ein Gefühl der Stille und des Friedens durchflutet die Sinne und lässt das Herz ruhiger schlagen. Hier oben, auf diesem heiligen Fleckchen Erde, scheint die Zeit stillzustehen, während das Tal sich unter einem ausbreitet wie ein Gemälde aus faszinierender Schönheit. Das Frohnkirchl liegt auf über 1300 Metern Seehöhe in Frohn, einem kleinen Weiler bei St. Lorenzen im Lesachtal, malerisch in die Landschaft dieses naturbelassenen Tals eingebettet. Seit dem 12. Jahrhundert trotzt das Kirchlein allen Einflüssen von außen. Das Lesachtal ist bekannt für seine natürliche, raue Schönheit und seine traditionelle Lebensweise. Das Frohnkirchl gilt als eine der ältesten Kirchen des Lesachtals und ist ein architektonisches Kleinod, ein historisches und kulturelles Juwel der Region.

Die Kapelle, ein Ruhepol inmitten der Natur, strahlt eine schlichte Eleganz aus, die die Seele berührt. Ihr altertümliches Gemäuer erzählt von vergangenen Zeiten und gleichzeitig von der zeitlosen Kraft des Glaubens. Die Stille hier oben ist nicht leer, sondern erfüllt von der Präsenz vergangener Gebete und unzähliger Hoffnungen. Beim Blick über das Lesachtal fühlt es sich an, als ob die Welt an diesem friedvollen Ort eine andere Bedeutung hat. Man erkennt plötzlich die Schönheit der einfachen Dinge im Alltag, die uns oft entgehen. Es ist ein Ort, der dazu einlädt, sich Zeit zu nehmen und den Fluss des Lebens zu spüren. Im Sommer hüllt ein Blütenmeer die Kapelle ein, als ob die Natur selbst sie beschützen und ehren möchte. Die Farbenpracht der Blumen, die sanft im Wind wiegen, verstärkt dieses Gefühl der Gelassenheit. Hier oben, mit dem Tal zu Füßen, kann man sich selbst begegnen. Man kann innehalten, tief durchatmen und die Hektik des Alltags hinter sich lassen. Es ist ein Ort, der die Möglichkeit bietet, sich inmitten der Natur und der Stille wieder mit dem Innersten zu verbinden und das eigene Ich zu erkunden.

● Frohnkirchl, Ausgangspunkt für die Wanderung am Parkplatz bei der Gail an der Straße ins Frohntal, Abzweigung Wiesen (ca. 2, 8 Kilometer Fußweg), 9654 St. Lorenzen

Über den Dächern

79 In der Rooftop-Bar 19null7 in Klagenfurt

Die Rooftop-Bar 19null7 im Select Hotel Moser Verdino in Klagenfurt ist zweifellos ein ganz besonderer Ort. Hoch über den Dächern der Altstadt gelegen, bietet sie ein einzigartiges Ambiente, das sowohl Einheimische als auch Besucher begeistert. Das altehrwürdige Hotel im Herzen der Klagenfurter Altstadt wurde im Jahr 2020 komplett saniert. Die wunderschöne Jugendstilfassade sowie die schönen geschwungenen Jugendstilgeländer im Treppenhaus stammen noch vom letzten Umbau, der 1907 abgeschlossen wurde. Die Rooftop-Bar im sechsten Stock wurde nach dem Jahr der Eröffnung benannt: 1907. Das Highlight der Bar ist zweifelsohne der atemberaubende Alpenblick, den man von hier oben genießen kann. Die majestätischen Alpen erheben sich am Horizont und verleihen dem Ort eine unvergleichliche Aura der Lebensfreude.

Für viele Kärntner ist die Rooftop-Bar 19null7 ein absolutes Lieblingslokal, und das aus gutem Grund. Hier kann jeder in einzigartiger Atmosphäre den Alltag hinter sich lassen und sich von den herrlichen Ausblicken begeistern lassen. Am Wochenende trifft man sich zum Frühstück oder im Sommer jeden Donnerstag zum After Work. Dann wird bei Cocktails gemeinsam der Feierabend zelebriert und der Sonnenuntergang über den Alpen bewundert. Mottoveranstaltungen oder DJs sorgen für eine magische Stimmung.

Aber nicht nur abends lohnt sich ein Besuch. Unter der Woche werden köstliche Mittagsteller und kleine Snacks serviert, sodass man auch tagsüber die Gelegenheit hat, sich kulinarisch verwöhnen zu lassen. Die Rooftop-Bar 19null7 im Select Hotel Moser Verdino in Klagenfurt ist zweifelsohne ein Ort der Begegnung, der Entspannung und des Genusses. Hier kann man die Seele baumeln lassen und inmitten der Alpenkulisse die Lebensfreude bei köstlichen Cocktails in vollen Zügen auskosten. Im Winter oder bei unbeständigem Wetter wird die Bar in den fünften Stock verlegt. Dann sorgt eine wohlige Wohnzimmeratmosphäre mit herrlichem Ausblick für Glücksgefühle.

● Rooftop-Bar 19null7, Select Hotel Moser Verdino, Jacques-Lemans-Platz 2, 9020 Klagenfurt am Wörthersee, Tel. +43 (4 63) 89 02 00
● ÖPNV: Haltestelle Neuer Platz

Magische Bergmomente

80 Bei Sonnenaufgang auf den Gartnerkofel

Auf einem Berggipfel stehen, die Ruhe des Morgens genießen und den Blick in die Ferne schweifen lassen – das Gefühl von Freiheit spüren zu dürfen, ist beflügelnd. Pures Glück durchströmt den Körper, wenn die Sonne als leuchtender Ball zwischen fernen Bergketten emporsteigt und den Himmel in ein orange-rotes Licht taucht. Ein neuer Tag beginnt und das Gefühl tiefster Zufriedenheit durchströmt den eigenen Körper. Magische Bergmomente, die man am liebsten für immer konservieren möchte. Um dieses Naturspiel erleben zu dürfen, lohnt es sich, das Bett vor dem Morgengrauen zu verlassen.

Der Gartnerkofel liegt direkt an der italienischen Grenze und im Herzen der Karnischen Alpen. Die Sonnenaufgangswanderung startet bei der Watschiger Alm und ist auf eigene Faust – oder im Zuge einer geführten Tour – möglich. Buchbar über das Tourismusbüro von Juni bis September, Gehzeit ca. 2 Stunden. Im Frühsommer sind die Almwiesen am Fuße des Gartnerkofels von einem bunten Meer aus Alpenblumen bedeckt. Mit etwas Glück erspäht man die blaue Wulfenia, eine botanische Rarität, die in dieser Form weltweit nur hier ab Mitte Juni zu finden ist.

TIPP

Das Hotel Gartnerkofel bietet seinen Gästen im Sommer geführte Sonnenaufgangswanderungen auf den Berg an.

Die Belohnung für den morgendlichen Gipfelsieg ist ein Frühstück in der Watschiger Alm. Hier wird der Gailtaler Almkäse von der Sennerin produziert. Seit Generationen wird die hohe Kunst der Käseherstellung auf den Gailtaler Almen bewahrt und weitergegeben. Jeder Bissen in dieses von Hand erzeugte Produkt erinnert an die würzigen Almkräuter, die den Kühen als Futter auf der Weide dienen. Bevor man sich ein Stück vom Glück in Form der liebevoll verpackten Produkte für zu Hause mitnimmt, lohnt es sich, noch ein wenig auf der Terrasse vor der Alm die Seele baumeln zu lassen. Nur das meditative Hintergrundgeräusch der Kuhglocken durchbricht die Stille auf der Alm, während die Sonnenstrahlen das Gesicht wärmen.

● Sonnenaufgangswanderung auf den Gartnerkofel, Ausgangspunkt an der Watschinger Alm, Sonnenalpe Nassfeld 102, 9620 Sonnenalpe Nassfeld
www.nassfeld.at/de/Tour/Gartnerkofel_t_35157

Bibliografische Informationen der Deutschen Nationalbibliothek
Die Deutsche Nationalbibliothek verzeichnet diese Publikation in der Deutschen Nationalbibliografie; detaillierte bibliografische Daten sind im Internet über http://dnb.d-nb.de abrufbar.

Konzeption/Satz: Droste Verlag, Düsseldorf
Einbandgestaltung und Illustrationen: Britta Rungwerth, Düsseldorf, unter Verwendung von Bildern von © Fotolia.com: jd – photodesign.de; © iStock: Plociennik Robert
Fotos: Anita Janesch
Textlektorat: Christa Pohl, Heßdorf

FSC www.fsc.org
MIX
Papier | Fördert gute Waldnutzung
FSC® C011279

Druck und Bindung: LUC GmbH, Greven
ISBN 978-3-7700-2585-5

www.droste-verlag.de